Harald Saul

AUS DER SUDETENDEUTSCHEN KÜCHE

NEUE GESCHICHTEN & ALTE REZEPTE

mit Illustrationen von
Christiane Biniek

VERLAG TSCHIRNER & CO

Harald Saul

Neue Geschichten & alte Rezepte aus der Sudetendeutschen Küche

Mit Illustrationen von Christiane Biniek

Das Werk, einschließlich seiner Teile, ist urheberrechtlich geschützt. Jede Verwertung ist ohne Zustimmung des Verlages und des Autors unzulässig. Dies gilt insbesondere für die elektronische oder sonstige Vervielfältigung, Übersetzung, Verbreitung und öffentliche Zugänglichmachung

Bibliographische Information der Deutschen Nationalbibliothek

Die Deutsche Nationalbibliothek verzeichnet diese Publikation in der Deutschen Nationalbibliographie; detaillierte bibliographische Daten sind im Internet über dnb.d-nb.de abrufbar

1. Auflage 2025

© Copyright by Verlag Tschirner & Co, Leipzig 2025

Alle Rechte vorbehalten

Satz und Layout: Celina Fuhrmann, Düsseldorf

Einbandgestaltung: Christiane Biniek, Leipzig

Druck und Bindung: Druckhaus Sportflieger, Berlin

Printed in Germany

ISBN 978-3-9825526-6-8

INHALTSVERZEICHNIS

Die Familie Birke aus Chliwitz — 4

Die Familie Seifert aus Georgswalde — 19

Walters Gaudls Erinnerungen an die Komotauer Gastronomie — 34

Die Vorfahren des Erik Buchholz, seinem Großvater Robert Krauße Sen., dem Friseur und Barbier — 40

Der Karlsbader Küchenmeister Karl-Friedrich Moser — 52

Das handgeschriebene Kochbuch der Albine Otto geb. Kraft — 64

Peter Schierl, Erinnerungen an die Heimat seiner Vorfahren — 74

Der Egerländer Rudolf Albert Halbritter - Der „Rudi" — 92

Die Familie Gernot Purkart — 104

Hans-Jürgen Schaap aus Tichlowitz — 116

Margarethe ("Gretl") Pasztori aus Trübenz — 128

Emilie von Meindel aus Taus — 140

DIE FAMILIE BIRKE AUS CHLIWITZ

Das Foto zeigt Josef Birke, 1905 – 1989, Anna Birke geb. Friedova, 1906 – 1969, und die Kinder Hilda Birke, spätere Franz 1933-2010 und Helmut Birke 1931 – 2017

Chliwitz (Chlívce) ist ein Dorf, das im Bereich der Herrschaft Starkstadt im 14. Jahrhundert entstanden und nach Zerstörung durch die Hussiten im 16. Jahrhundert neubesiedelt wurde (nach Rosezin). Der Name ist tschechischen Ursprungs. Er ist von „chlív", der Stall, abzuleiten. Es ist anzunehmen, dass der Ort an der Stelle von Schafstallungen errichtet wurde. Chliwitz lag an der deutsch/tschechischen Sprachgrenze. Ab 1854 hatte das Dorf eine eigene Volksschule. In Chliwitz lebten von 1920 bis 1938 bis zu 41 tschechische Einwohner, für deren Kinder eine einklassige tschechische Minderheitsschule bestand. Chliwitz war eingepfarrt nach Starkstadt und ist seit 1965 nach Starkstadt eingemeindet.

Nahe dem Ort war eine Kohlengrube, in der Josef Birke (1905-1989) gearbeitet hat. Der Enkel von Josef Birke, Holger Franz aus Kraftsdorf bei Gera, konnte mir sehr viel erzählen und so entstand dieses umfangreiche Kapitel mit Rezepten der Familie Birke und Fotos, welche bei Familienausflügen in der Kindheit von Holger Franz entstanden.

Der Vater Josef Birke war Bergmann im nahe gelegenen Kohleschacht. Er hatte ein kleines Häuschen für die Familie in den Jahren 1938-1940 gebaut. Ein kleiner Garten grenzte daran an und hier baute die Mutter Kartoffeln, Gemüse und Obst an. Aus den Erzählungen der Mutter Hilda weiß Holger Franz vieles aus der Kindheit seiner Mutter und deren Bruder Helmut zu berichten. Die Mutter ging oft mit den Kindern in die nahe Umgebung zum Pilze suchen und Beerensammeln.

Hervorragend kochen konnte Hilda, sie hatte aufmerksam ihrer Mutter über die Schultern geschaut. Besonders die verschiedenen Knödelspeisen waren ihre Spezialität.

Das Häuschen der Familie Birke steht heute nicht mehr. 1946 wurde die Familie vertrieben und musste mit vielen anderen Menschen den Wohnort verlassen. Die Erwachsenen durften nur je zwei Handkoffer mitnehmen und die beiden Kinder ihre Rucksäcke. Sie wurden in Güterwagen auf engsten Raum zusammengepfercht. Überall auf den verschiedenen Bahnstationen in der Sowjetischen Besatzungszone hielt der Zug, dort wurden immer zwei oder drei Familien ausgeladen und der Zug fuhr weiter. Seine Großmutter und die Mutter haben Holger Franz von dem schlimmen Geschehen erzählt. Es gab unterwegs Tote, die dann einfach ausgeladen und notdürftig begraben wurden.

Dabei hatten Tschechen und Sudetendeutsche friedlich miteinander gelebt. Doch die Entwicklung nach dem 1.Weltkrieg mit dem Zerfall von Österreich-Ungarn und der Gründung der Tschechoslowakei und die systematische Unterdrückung der deutschstämmigen Bevölkerung mündeten in eine deutsche Gewaltherrschaft. Der 2. Weltkrieg und die Vertreibung zerstörten die Welt, wie sie sie kannten, für immer. Mehr als drei Millionen Sudetendeutsche mussten nach 1945 ihre Heimat teils gewaltsam verlassen.

Familie Birke hatte Glück im Unglück. In Töppeln, einem Ortsteil von Kraftsdorf nahe Gera, hielt der Zug und man ließ sie und mehrere Familien dort auf dem Bahnsteig zurück. Die Familie Birke kam bei der Bäckersfamilie Rühling in der Schulstraße unter. Hier konnten sie zwei kleine Zimmer bewohnen. Sofort kümmerten sich die Eltern um Arbeit. Josef Birke wurde Hauer bei der Wismut in Schlema und Anna Birke fand eine Anstellung als Gärtnerin und arbeitete dann später in der LPG mit. Josef Birke hat dann mit seinem Sohn Helmut, der gelernter Maurer war, in Töppeln ein neues Häuschen für die Familie auf dem Gelände der alten Gärtnerei gebaut. Die Mutter von Holger Franz lernte bei der Familie Kühne Herrenschneiderin, arbeitete später in der Tabaktrocknung der hiesigen LPG in Töppeln und bis zum Renteneintritt dann im VEB Zählgerätewerk Gera. Der Vater von Holger Franz war Kraftfahrer bei der SDAG-Wismut und später ein Taxifahrer.

Die Eltern von Holger Franz fuhren sehr viel mit ihm in die Heimat der Mutter. So lernte er die Heimat seiner Vorfahren mütterlicherseits kennen und schätzen.

Meist fuhr man zu Onkel Drago, einem Verwandten der Großeltern, nach Ruppersdorf (Ruprechtice), heute einem Ortsteil der Stadt Meziměstí in Tschechien, zweieinhalb Kilometer nordöstlich der Stadt, nahe der tschechisch-polnischen Grenze im Landkreis Nachod. Holger Franz ist in lebhafter Erinnerung geblieben, dass es jedes Mal beim Onkel Drago eine Ausfahrt mit dessen 350er Jawa-Gespann und zum Abendessen die rechteckige Salami gab, die sehr gut schmeckte.

Familie Birke (mit Tante Gisel, Onkel Helmut und Cousine Peha)

Das Foto entstand nur wenige Wochen vor der Vertreibung aus der Heimat.

Diese Bilder entstanden bei den Besuchen in den Jahren 1965 bis 1970

Die Felsenstadt ist ein bekanntes Kletter- und Wandergebiet. Offiziell gibt es zwei Eingänge in die Felsenstadt, einer in Adersbach (Adršpach), der andere in Wekelsdorf (Teplice nad Metují). Hinter beiden Eingängen kann man einen Rundweg durch die jeweilige Felsenstadt laufen, erzählte er mir begeistert. Von Adersbach aus führt ein gut ausgebauter »grüner« Weg durch die Felsen. Zudem gibt es einen »blauen« Weg rund um den malerischen Sandgrubensee direkt hinter dem Eingang. Steil, aber der Aufstieg lohnt sich, um das Panorama zu genießen. Irgendwann ging es wieder hinab und wir liefen durch enge Spalte zwischen den Felsen und konnten die mächtigen Steinriesen von unten bestaunen. Viele Felsen haben Namen, weil man irgendwas in ihnen erkennt. Wir liefen wieder durch den Wald, über Stege, durch das Moor und waren bald am kleinen See, auf dem man mit einem Boot fahren konnte. Der große Wasserfall ist mir noch in Erinnerung. An Motiven mangelt es in der Felsenstadt nicht. Am besten gefallen hat mir der Sandgrubensee und die Aussicht auf die Wekelsdorfer Felsen. Toll sind aber auch die schmalen Gassen, die sich durch die Felsen winden.

Die hier vorgestellten Rezepte sind alles Hausrezepte der Großmutter Anna Birke geb. Friedova (1906 – 1969). Sie hatte in ihrer Jugend in Trautenau und Braunau kurzzeitig in Gastwirtschaften das Kochen gelernt.

SERVIETTENKNÖDEL

ZUTATEN

250 g Semmeln
trockene, gewürfelt

2 Eier

300 ml Milch

70 g Butter

60 g Zwiebeln

fein gehackte Petersilie

Salz

Muskat

Arbeitszeit
20 Minuten

Ruhezeit
40 Minuten

Gesamtzeit
ca. 1 Stunde 20 Minuten

Die Eier mit Milch, einer guten Prise Salz und etwas frisch geriebenem Muskat verquirlen. Die Zwiebel sehr fein würfeln und in der heißen Butter glasig anschwitzen. Semmelwürfel, Eiergemisch, Zwiebeln und Petersilie gut miteinander vermengen und den Teig eine Stunde rasten lassen. Rollen von 5 - 6 cm Ø formen und auf Geschirrtücher geben. Fest einrollen und an den Enden wie eine Wurst in leicht siedendes Wasser legen und in 30 - 40 Minuten gar ziehen lassen. Mein Tipp: die Serviettenknödel sind sehr gut vorzubereiten. Man kann entweder die Rollen ein paar Stunden ungekocht im Kühlschrank aufbewahren, bis man sie braucht. Oder die Knödel nach der Kochzeit in der Folie belassen und bei 60 - 80 Grad im Wasserbad warmhalten. Erst bei Bedarf aus dem Geschirrtuch geben, so bleiben die Knödel schön locker und saugen sich nicht mit Wasser voll.

SEMMELKNÖDEL AUS DER FORM NACH OMA ANNA

ZUTATEN

300 g Brötchen, altbackene

125 g Schinkenspeck, gewürfelt

Zwiebel

1 Bund Petersilie

50 g Butter

Eier

275 ml kalte Milch

Salz und Pfeffer

Muskat

Arbeitszeit
20 Minuten

Ruhezeit
20 Minuten

Backzeit im Ofen
35 Minuten

Abkühlen
5 Minuten

Gesamtzeit
ca. 1 Stunde 20 Minuten

Butter erhitzen und die Speck- und Zwiebelwürfelchen anbraten. Die in kleine Würfel geschnittenen Brötchen in eine große Schüssel geben. Petersilie hacken und ebenfalls jetzt die etwas abgekühlte Speck-Zwiebelmasse in die Schüssel geben. Eigelb und Milch verquirlen, mit Salz, Pfeffer und Muskat herzhaft abschmecken und langsam über die Brötchenmasse träufeln. Die Masse 20 Min. durchziehen lassen. Danach alles gut verrühren oder mit den Händen durchkneten. Eiweiß steif schlagen und unterheben. So vorbereitet kann alles dann bis zum Backen im Kühlschrank stehen bleiben. Dazu kann die Masse auch schon in die spätere Backform umgefüllt werden. Geeignet ist eine Silikonform, eine beschichtete Kastenform oder auch eine gefettete längliche Auflaufform. Ofen auf 200° vorheizen (Ober/Unterhitze) und den Semmelknödel 35 Min. backen. 5 Min. in der Form abkühlen lassen und dann mittels eines Tellers vorsichtig stürzen. In Scheiben schneiden und mit einem Saucengericht servieren.

SEMMELKNÖDEL NACH BRAUNAUER ART

ZUTATEN

6 Brötchen, altbackene

3 EL Petersilie, gehackte

10 g Butter

Zwiebel, fein gehackt

250 ml Milch

Eier

Salz und Pfeffer

Arbeitszeit
20 Minuten

Ruhezeit
10 Minuten

Garzeit
20 Minuten

Gesamtzeit
ca. 50 Minuten

Die Brötchen in kleine Würfel schneiden. Die gehackte Petersilie und die Zwiebel in der Butter ganz kurz anschwitzen, aber keine Farbe nehmen lassen, dann mit den Brötchenwürfeln mischen. Die Milch bis kurz vorm Kochen erhitzen und über die Brötchenwürfel gießen. Etwa 10 Minuten quellen lassen. Die mit Salz und Pfeffer verquirlten Eier dazugeben und alles zu einem nicht zu festen Teig verrühren. Sollte der Teig doch zu weich sein, etwas Semmelbrösel einrühren, kein Mehl verwenden. Mit nassen Händen tennisballgroße Knödel formen und in der siedenden, aber nicht sprudelnd kochenden, Flüssigkeit (Salzwasser oder Brühe) in 20 Minuten gar ziehen lassen, bis sie nach oben steigen. Semmelknödel sind die ideale Beilage zu Gulasch, Schweinebraten oder auch geschmorten Pilzen.

SEMMELKNÖDEL NACH TRAUTENAUER ART

ZUTATEN

500 g Mehl, am besten doppelgriffiges (tschechisch hrubá mouka)

15 g Hefe, frisch

10 g Salz

3 dl Milch

Ei

altbackene Brötchen (ca. 80 g)

Arbeitszeit
15 Minuten

Ruhezeit
1 Stunde

Gesamtzeit
ca. 1 Stunde 15 Minuten

Die Brötchen in ca. 1x1 cm kleine Würfel schneiden. Das Salz mit dem Mehl mischen, danach die Hefe, die Milch und das Ei einrühren und mit der Küchenmaschine (geht natürlich auch von Hand) gut kneten. Wenn der Hefeteig gut durchgearbeitet ist, mit den Brotwürfeln nochmals gut kneten. Den Teig an einem warmen Ort gehen lassen (ca. 1 Stunde), ich stecke ihn jeweils in den Backofen bei 35°C - denn zw. 30 und 35°C ist die optimale Temperatur für Hefe. Wenn der Teig etwas aufgegangen ist, einen großen Topf mit viel Wasser aufsetzen. In der Zwischenzeit 3 längliche Knödel (ca. 10 - 15 cm lang, 5 cm dick) aus dem Teig formen. Wenn das Wasser kocht, dieses salzen und 2 Stück der Knödel hineingeben - nicht mehr, denn die Knödel gehen noch beim Kochen auf. Wenn mehr im Topf sind, haben sie nach der halben Kochzeit keinen Platz mehr. Die Temperatur zurückstellen, das Wasser soll nur leicht sprudeln. Die Knödel 25 Minuten kochen lassen, zwischendurch einige Male im Wasser wenden. Die Knödel aus dem Wasser herausnehmen. Ich steche sie dann gleich 2-3 x mit einer Fleischgabel ein, damit der Dampf entweichen kann (ansonsten können sie in sich zusammenfallen). Die Knödel werden dann in ca. 1 cm dicke Scheiben geschnitten und am besten mit einer feinen Sauce serviert wie Tomatensauce oder Dillsauce. Gut passen dazu ungarisches Gulasch oder ein leckerer Braten.

RINDERBRATEN NACH OMA ANNA BIRKE

ZUTATEN

800 g Rindfleisch

80 g Speck, fetter, in dünne Streifen geschnitten

Schmalz

1 Karotte

1 Sellerie

2 große Zwiebeln

2 Lorbeerblätter

8 Pfefferkörner

6 Wacholderbeeren

¼ TL Thymian, getrockneter

1 TL Senf mittelscharf

1 Becher Sahne

20 g Mehl

80 g Preiselbeeren

½ Liter Rinderbrühe

1 EL Zitronensaft

Das Fleisch putzen und mit dem in dünne Streifen geschnittenen Speck spicken. Salzen, pfeffern und in einem Bräter in heißem Schmalz ringsum bräunen, anschließend ausheben. Nun das Gemüse und die Zwiebeln putzen, schälen und grob hacken. In den Bräter geben und ebenfalls bräunen, dann alle Gewürze zugeben. Das Fleisch wieder einlegen und mit Rinderbrühe angießen. Alles etwa eine Stunde im vorgeheizten Backofen bei 180°C zugedeckt schmoren. Öfter dabei mit der Flüssigkeit begießen und 2-mal wenden. Nach dieser Zeit das Fleisch aus dem Bräter heben und warm stellen. Den Bratensaft und das Gemüse mit Mehl gut verrühren und kurz aufkochen lassen. Etwas säuerlich z. B. mit Zitronensaft und mit Salz und Pfeffer abschmecken, dann einige Minuten weiter köcheln lassen. Die Sauce durch ein Sieb streichen und mit der Sahne und Senf vermischen, ganz kurz wieder aufkochen. Das Fleisch wird Scheiben geschnitten und mit der Sauce und Preiselbeeren garniert angerichtet. Dazu werden Serviettenknödel gereicht.

Arbeitszeit
35 Minuten

Ruhezeit
10 Minuten

Backzeit im Ofen
60 Minuten

Gesamtzeit
ca. 1 Stunde 45 Minuten

KRAUTKLISTLA

ZUTATEN

1 Glas Sauerkraut

200 g geräucherten Schinkenspeck

10 EL Weizenmehl

1 EL Salz

Arbeitszeit
20 Minuten

Garzeit
15 Minuten

Vorbereitung Servieren
10 Minuten

Gesamtzeit
45 Minuten

Mehl und Salz in eine Schüssel geben und trocken verrühren. Danach etwas Wasser dazugeben, bis ein klebriger Brei entsteht. Auf dem Herd einen Topf, der zu ¾ mit Wasser gefüllt ist, zum Kochen bringen. Einen Teelöffel Salz dazu geben.
Parallel dazu ein Glas Sauerkraut erhitzen und warmhalten. Jetzt 200 Gramm geräucherten Schinkenspeck in kleine Würfel schneiden und in der Pfanne scharf anbraten. Wenn das Wasser kocht, den sauberen Teelöffel in das kochende Wasser tauchen und damit dann immer wieder „würfelzuckergroße" Teigteile abstechen und ins sprudelnde Wasser geben. Nach etwa 10-15 Minuten schwimmen die Teigteilchen oben. Die Temperatur zurücknehmen, damit die „Klistla" nicht zerkochen. Danach das Wasser abgießen und die „Klistla" in ein Sieb geben, abtropfen lassen. Diese dann zum Sauerkraut geben und gut vermengen. Die ausgebratenen Schinkenspeckwürfel dazu geben und nochmals alles vermengen.

Das Lieblingsessen von Holger Franz in Erinnerung an seine Oma. Anna sagte immer, es sei ein typisches Armeleute-Gericht gewesen und oft von ihr gekocht worden, wenn der Vater aus dem Schacht heimkam. Am allerbesten schmeckt es aber, wenn es am Vortag gekocht und nur noch aufgewärmt wird

DIE FAMILIE SEIFERT AUS GEORGSWALDE

Im Herbst 2021 bekam ich eine Einladung nach Coburg zu den Nachfahren der Gastwirtsfamilie Georg Seifert (1792 – 1878) aus Georgswalde. Umfangreiches Material, viele historische Ansichtskarten und Familienbilder wurden mir leihweise zur Verfügung gestellt.

Postkarten aus Georgswalde

Die Stadt Georgswalde (Jiříkov) liegt im nördlichen Böhmen in einem von Hügeln umgebenen flachen Tal auf 368 m n.m. in der Nähe der Grenze zu Sachsen, 5 km nördlich von Rumburk (Rumburg). Sie erstreckt sich entlang des Ritterbaches (Jiříkovský potok) im Böhmischen Niederland und dehnt sich nach Nordosten bis an die Spree aus, die gleichzeitig die Staatsgrenze bildet.

Die erste urkundliche Erwähnung von Georgswalde erfolgte 1346 in Matrikeln des Bistums Meißen. 1524 hielt die Reformation in dem zur Grundherrschaft Schluckenau gehörigen Dorf Einzug. Die Protestanten hatten hier ein hölzernes Bethaus. Als Folge der Rekatholisierung wanderten ab 1620 viele Familien in die umliegenden Dörfer der Oberlausitz aus. 1725 erbaute Gräfin Ernestine von Harrach die schöne Pfarrkirche St. Georg. Neben der Landwirtschaft ernährte die Leinenweberei die Bewohner des Dorfes, welches 1756 durch Kaiserin Maria Theresia zum Marktflecken erhoben wurde. Im 19. Jahrhundert wandelte sich mit dem Beginn der Industrialisierung das Ortsbild. 1807 entstand die erste Baumwollspinnerei, der später noch zwei weitere, eine Webstuhlfabrik und Holzwarenfabriken folgten. Zusammen mit Rumburg wurde Georgswalde zum Zentrum der nordböhmischen Textilindustrie.

Im Jahr 1873 wurde der Eisenbahnverkehr von Rumburg nach Ebersbach/Sa. durch die Böhmische Nordbahn aufgenommen. Mit dieser nun durchgehenden Verbindung von Prag, die die einzige Bahnlinie nach Sachsen über das Lausitzer Gebirge darstellt, bot der Marktflecken an der Grenze ideale Voraussetzungen für weitere Industrieansiedlungen. Es entstand eine Eisengießerei, eine Maschinenbaufabrik und auch der sächsische Klavierhersteller August Förster errichtete 1900 ein Zweigwerk.

1890 lebten in Alt Georgswalde 5.808 Einwohner, zusammen mit den Ortsteilen Neu Georgswalde, Philippsdorf und Wiesenthal waren es insgesamt 8.754. Philippsdorf wurde 1897 eine selbständige Gemeinde im Gerichtsbezirk Schluckenau. 1914 wurden Georgswalde, dessen Einwohnerzahl auf 10.084 angewachsen war, durch Franz Joseph I. die Stadtrechte verliehen. Nach dem Ersten Weltkrieg wurde Georgswalde der neu geschaffenen Tschechoslowakei zugeschlagen. Nach dem Münchner Abkommen gehörte Georgswalde von 1938 bis 1945 zum Landkreis Rumburg, Regierungsbezirk Aussig, im Reichsgau Sudetenland des Deutschen Reichs.

Ab Mitte 1945 wurde die deutschsprachige Bevölkerung aus Georgswalde vertrieben und ihr Vermögen konfisziert. Seitens der Tschechischen Republik erfolgte keine Abgeltung für das eingezogene Vermögen. Nach der Samtenen Revolution im Jahr 1989 erfolgte ein Wandel der ökonomischen Struktur und es siedelten sich Dienstleistungs- und Handelsunternehmen an.

Heute lebt in der Stadt eine große Bevölkerungsgruppe der Roma, deren Anteil im Vergleich zur übrigen Bevölkerung wächst. Hierbei kam es wiederholt zu Konflikten.

In der Stadt gibt es einen Eisenbahngrenzübergang nach Ebersbach. Für Pkw besitzt der Ort zwei Grenzübergänge nach Neugersdorf (Hauptstraße und Rudolf-Breitscheid-Straße) sowie einen nach Ebersbach (Bahnhofstraße).

Georg Seifert (1792 bis 1878)

Georg Seifert wurde 1792 als vierter Sohn des Bauunternehmers Gustl Seifert (1762-1845) in Rumburg geboren. Durch glückliche Geschäfte hatte Gustl Seifert mehrere Grundstücke erworben. Darunter waren auch mehrere Gasthöfe. Schon als Kind war Georg Seifert mit dem Vater unterwegs, um fällige Pachten einzutreiben. Der Küchengeruch und die geschäftige Atmosphäre waren ihm frühzeitig schon geläufig.

So erwarb Georg Seifert am Hofe vom Kaiser Franz I. den Titel eines Mundkochs. Also eines Kochs bei Hof, der - im Unterschied zum Hofkoch - Speisen ausschließlich für die persönliche Tafel des Herrschers zubereitete. Als Mundkoch lernte Georg Seifert die beiden letzten Ehefrauen des Kaisers kennen.

In dritter Ehe heiratete Kaiser Franz am 6. Jänner 1808 in Wien seine Cousine Prinzessin Maria Ludovika Beatrix von Modena (1787-1816), Tochter von Erzherzog Ferdinand von Österreich-Modena d'Este und dessen Gattin Prinzessin Maria Beatrix von Modena d'Este. Die Ehe blieb aufgrund der Krankheit von Maria Ludovika kinderlos.

In vierter Ehe heiratete er am 10. November 1816 in Wien Prinzessin Karoline Auguste von Bayern (1792-1873), Tochter König Maximilians I. Die Behinderungen bzw. frühen Todesfälle der Kinder lassen sich durch die enge Verwandtschaft der Ehepartner im Rahmen der Heiratspolitik der Habsburger erklären. Thronfolger Franz Ferdinand von Österreich-Este, der 1914 ermordet wurde, hatte die Absicht, sich als Kaiser Franz II. nennen zu lassen.

DER KAISER LIEBTE ALLE SEINE VIER FRAUEN.

Die Nachkommen von Georg Seifert erzählten mir, dass er eine kleine Truhe mit persönlichen Geschenken der letzten beiden Kaiserinnen besessen hatte und diese Truhe immer vom ältesten Sohn an dessen ältesten Sohn vererbt wurde. 1945 vergrub man diese Truhe im Garten des Hauses in Georgswalde.

Im Jahr 1841 heiratete Georg Seifert nun die älteste Tochter eines Georgswalder Apothekers, Henriette Wohlgemut (1799-1847). Beide bekamen am 9. April 1845 ihren einzigen Sohn Franz – Georg. Henriette Seifert starb im Dezember 1846 an Typhus. Das Kind Franz – Georg wuchs im Haushalt der Großeltern mütterlicherseits, der Apothekerfamilie, auf. Nach dem Abitur an einem Wiener Gymnasium wollte er Apotheker werden und begann eine Apothekerlehre in Rumburk.

1862 stürzte der Vater Georg Seifert bei einer Staatsjagd schwer und wurde in allen Ehren in den Ruhestand verabschiedet und kehrte 1864 nach Georgswalde zurück. Mit einer großzügigen Pension der Kaiserlichen Familie ausgestattet lebte er und seine Familie relativ bescheiden und zurückgezogen. Sein Sohn Franz-Georg und dessen Ehefrau Maria geb. Slowek (1851-1948) pflegten ihn bis an sein Ende.

Der Apotheker Franz-Georg liebte die Hasenjagd. Der Vater hatte ihn zu einem leidenschaftlichen Jäger erzogen.

Mutter Henriette Seifert, geboren Wohlgemuth (1799 bis 1846) und Sohn Franz Georg Seifert (1845 bis 1934)

Franz-Georg Seifert (1845 bis 1934)

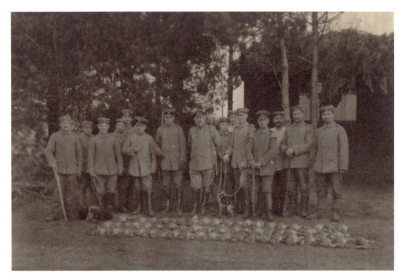
Hasenjagd um das Jahr 1915 nahe Georgswalde

Der Enkel Franz-Georg Seifert jun. (1883 bis 1946)

Franz – Georg Seifert. jun. (1883 – 1964), der Großvater der Coburger Familie Seifert, wurde als einziges Kind der Eheleute Franz – Georg Seifert (1845 – 1934) und seiner Ehefrau Hermine Seifert, geb. Buchala (1854-1909) in Rumburk geboren. Die Mutter Hermine Seifert stammte aus einem Georgswalder Bauernhof und konnte sehr gut kochen. Sie half hin und wieder bei großen Gesellschaften in allen Georgswalder Gaststätten aus. Ihr Vater, der Großbauer August Buchala (1832- 1916) wiederum ging mit Franz – Georg Seifert (1845 – 1934) regelmäßig auf Hasenjagd. Daher auch die Vorliebe für spezielle Hasengerichte, die sich bis heute erhalten hat.

Franz – Georg Seifert. jun. besuchte in Georgswalde die Grundschule und dann in Rumburk die Höhere Schule. Durch einen ehemaligen Kollegen seines Großvaters konnte er in Wien im Hotel Kaiserhof eine Buchhalterlehre beginnen. Der Direktor des Hotels war ein ehemaliger Mundkoch der Kaiserfamilie und vom Großvater in dieses Amt mehrere Jahre eingearbeitet worden.

Als das Hotel „KAISERHOF" im Jahr 1896 auf den ehemaligen Glacis-Gründen erbaut wurde, galt es als eines der modernsten Hotels seiner Zeit. Neuheiten wie ein Gästeaufzug, Zentralheizung, Strom und fließendes Wasser in allen Zimmern waren für damalige Verhältnisse tatsächlich luxuriöse Sensationen. Erzherzogin Marie Thèrese, eine enge Freundin des Erbauers, setzte sich bei ihrem Schwager Kaiser Franz Joseph I. dafür ein, das Hotel „KAISERHOF" nennen zu dürfen. Bereits im Jahr 1913 wurde der KAISERHOF von „Baedeker Österreich-Ungarn", einem der ersten Reiseführer, empfohlen.

Das Hotel Kaiserhof in Wien heute

Von 1904 bis 1913 lernte und arbeitete Franz – Georg Seifert. jun. dort in der Buchhaltung. Den ersten Weltkrieg erlebte er in Georgswalde und arbeitete als Buchhaltungsgehilfe in einer Baumwollspinnerei bis 1945.

Im Jahr 1915 heiratete Franz – Georg Seifert jun. die Büroangestellte Erna Dix aus Rumburk. 1920 wurde der einzige Sohn Franz – Georg Seifert (1928 bis 1997) geboren. Wegen eines vererbten Lungenleidens blieben Vater und Sohn vom Kriegseinsatz verschont. Sohn Franz arbeitete als Hilfsarbeiter in der Baumwollspinnerei mit. Sie wohnten in einem kleinen Häuschen nahe der Stadtkirche.

Franz – Georg Seifert (1928 bis 1997) erzählte oft, dass er mit Glockenklängen aufgewachsen ist. Er besuchte die Grundschule in Georgswalde und wollte dann das Abitur im Rumburk absolvieren. Sein Ziel, das Medizinstudium, verhinderte der Ausbruch des Zweiten Weltkrieges. Als Hilfsarbeiter an einer Baumwollspinnmaschine brachte ihn der Vater in seinem Betrieb unter. Währendem schrieb er die vielen Küchenrezepte, die der Großvater gesammelt hatte, in einem Buch ab. Besonders die Rezepte mit den Hasengerichten hatten es ihm angetan. Nach wie vor ging der Vater auf Hasenjagd.

Die kleine Welt der Familie verlief harmonisch und was viele heute noch nicht verstehen, bis 1945 lebten im Allgemeinen die Deutschen und Tschechen nachbarschaftlich gut miteinander. Ab 1945 war sofort alles anders. Am 9. Mai 1946 früh um 5.00 Uhr klopften drei bewaffnete, finster blickende Mitarbeiter der tschechischen Miliz an die Haustür und gaben der kleinen Familie 10 Minuten Zeit, das Haus für immer zu verlassen. Mit drei Koffern und je einem Rucksack wurden sie zu den anderen auf einen bereitstehenden LKW verladen und zum Rumburker Sammelpunkt gebracht. Vier Tage und vier Nächte waren sie in zugigen Waggons unterwegs. Der Zug fuhr zickzack quer durch das zerstörte Deutschland. Auf einem riesigen Sammelplatz bei Meiningen ließ man über tausend der Heimat beraubten Menschen zurück. Vor Hunger und Durst fast ohnmächtig schleppten sich die drei Seiferts in die Stadt. Hier fand der Vater eine Apothekerfamilie, die ihnen mitleidig half und für mehrere Tage und Nächte Unterschlupf gewährte. Ein Nachbar des Apothekers, der ein Auto besaß, fuhr sie dann nach Würzburg. Hier meldeten sie sich heimatlos und baten um Hilfe.

Zufällig arbeitete in der Meldestelle ein ehemaliger Mitlehrling vom Kaiserhof Wien des Franz – Georg Seifert. jun., der die Hilfesuchenden erkannte und ihnen sofort half.

Man wies ihnen ein leerstehendes Häuschen in einem Würzburger Vorort zu, hier richtete sich die Familie wieder ein und viele mitleidige Mitmenschen aus dem kleinen Ort halfen ihnen.

Heute gibt mittlerweile zwei Familien Seifert, deren Vorfahren in Georgswalde gelebt hatten. Das Familienkochbuch ist erhalten geblieben und wird in Kopien immer weitergegeben.

Aus dem handgeschriebenen Küchenbuch des Franz-Georg Seifert, geschrieben 1907-1916: Wildhasen sind geschmacklich kräftig und besitzen ein etwas dunkleres und rosafarbenes Fleisch. Ist das Fleisch frisch, sollte es eine ebenmäßige rosa Färbung ohne Anzeichen dunkler Flecken oder trockenen Stellen aufweisen. Es soll saftig und prall aussehen. Ein Hase setzt wenig Fett an. Damit es bei der Zubereitung bzw. beim Garen nicht zu trocken wird, kann man mit Speck oder Schinken umwickeln, der dann später nicht mitgegessen wird.
So verhindert man, dass zu viel Flüssigkeit aus dem Fleisch austritt und es schön saftig bleibt. Wenn man den Hasen mit reichlich Gemüse und in seinen Einzelteilen schmort, wird das Fleisch wunderbar zart und faserig. Das Fleisch nicht zu stark anbraten, da dies dem Fleisch ebenfalls viel Flüssigkeit entzieht. Bei mittlerer Hitze Farbe ziehen und anschließend ausgiebig schmoren. Den Geschmack durch Beifuß und Wacholderbeeren verstärken.

Nun folgen aus diesem Kochbuch die nachfolgenden Rezepte.

GESCHMORTER HASE NACH GEORGSWALDER ART

ZUTATEN

1 Hase, frisch, ca. 2 kg

Für die Marinade:

4 Becher Buttermilch

3 EL Salbei

3 EL Thymian

1 ½ EL Wacholderbeeren

1 Handvoll Lorbeerblätter

2 Zehen Knoblauch

Salz und Pfeffer

Für die Sauce:

Liter Gemüsebrühe

600 ml Rotwein, trocken

große Zwiebeln

Möhren

½ Knollensellerie

Öl, zum Braten

1 EL Tomatenmark

1 EL saure Sahne

Den Hasen von der Silberhaut befreien und zerteilen, gut abwaschen und trocknen. Die Buttermilch in einen großen Behälter (der Hase muss hineinpassen) geben. Thymian, Salbei, Pfeffer und Salz dazugeben. Die Wacholderbeeren leicht andrücken, Lorbeerblatt zerbröseln, die Knoblauchzehen in feine Scheiben schneiden und ebenfalls zu der Buttermilch geben. Alles gut verrühren und die Hasenteile hineinlegen. Alles gut abdecken und mindestens 12 Stunden kaltstellen. Zwiebeln, Möhren und Sellerie putzen und klein schneiden. Etwas Öl in einen Bräter geben und die Hasenteile schön scharf anbraten. Herausnehmen, anschließend das klein geschnittene Gemüse anbraten. Das Fleisch wieder in den Topf geben, mit Buttermichfond und Rotwein aufgießen und ca. 1,5 Stunden bei kleiner Flamme köcheln lassen. Das Fleisch herausnehmen und den Sud abseihen, dabei die Flüssigkeit auffangen.

Im Bräter jetzt das Tomatenmark anschwitzen, den Sud wieder in den Topf geben und aufkochen lassen. Einen Esslöffel saure Sahne unterrühren und das Fleisch wieder in die Soße geben.

Hierzu passen hervorragend Semmelknödel.

Arbeitszeit
20 Minuten

Stehen lassen
12 Stunden

Ruhezeit
90 Minuten

Arbeitszeit
15 Minuten

Gesamtzeit (ohne Marinieren)
ca. 2 Stunden 5 Minuten

HASENBRATEN
NACH FRANZ-GEORG SEIFERT UM 1910

ZUTATEN

Hase, frisch, ca. 2 kg

120g frische Tomaten

2 EL Butter

5 EL klare Gemüsesuppe

1 EL Cognac

5 EL Sonnenblumenöl

2 Zehen Knoblauch

1 Stück unbehandelte Zitrone

1 Prise Salz

1 Prise schwarzer Pfeffer

100 ml Schlagsahne

Arbeitszeit
20 Minuten

Stehen lassen
5 Stunden

Arbeitszeit
45 Minuten

Ruhezeit (schmoren)
60 Minuten

Gesamtzeit (ohne Marinieren)
ca. 2 Stunden 5 Minuten

Den Hasen zerteilen. Dabei die beiden Keulen, den Rücken und die zwei Vorderläufe in handliche Stücke zerlegen. Knoblauch schälen, mit einer Gabel zerdrücken und danach Zitrone auspressen. Für die Marinade Öl, Knoblauch, Zitronensaft, Salz und Pfeffer in einer Schüssel vermischen und die Hasenstücke darin fünf Stunden marinieren. Tomaten mit heißem Wasser überbrühen, enthäuten und in kleine Stücke schneiden. Nun die klare Gemüsesuppe zubereiten. Das fertig marinierte Hasenfleisch abtropfen lassen, die Marinade aufbewahren. In einem Schmortopf Butter zerlassen. Die Fleischstücke hinzufügen und ca. 30 Min. bei geringer Hitze braten, dabei die Stücke häufig wenden. Gemüsesuppe, Cognac und die Marinade sowie Schlagsahne dazu gießen. Passierte Tomaten hinzufügen.

Das Gericht zugedeckt noch ca. 60 Min. bei geringer Hitze schmoren lassen.

Das Feiertagsessen bei Familie Seifert wurde dann mit Pilzen oder Speckstreifen verfeinert, diese jedoch in einer separaten Pfanne angebraten.

HASENPFEFFER NACH GEORGSWALDER ART

ZUTATEN

1,5 kg Wildhasenfleisch (mit Knochen, z. B. Schultern, Läufe)

1 EL Wildgewürz (Wacholder, Thymian)

3 EL Öl

50 g fetter Speck

1 Bund Suppengrün

1 Petersilienwurzel

Salz

1 Zimtstange

2 Gewürznelken

2 Sternanis

1 EL Zucker

1 EL Tomatenmark

2 EL Johannisbeergelee

¾ Liter trockener Rotwein

Am Vortag das Fleisch in ca. 4-5 cm große Stücke schneiden. Das Wildgewürz mit 2 EL Öl mischen. Die Fleischstücke damit einreiben und zugedeckt ca. 12 Std. – am besten über Nacht – marinieren lassen.

Am nächsten Tag den Backofen auf 150° vorheizen. Den Speck sehr klein würfeln. Suppengrün und Petersilienwurzel putzen, waschen, schälen und ebenfalls klein würfeln. Den Speck in einem Bräter im restlichen Öl ausbraten. Die Fleischstücke hinzufügen, rundherum anbraten und salzen. Das Fleisch herausnehmen und zugedeckt warm stellen. Das gewürfelte Gemüse im Topf bei mittlerer Hitze anrösten. Zimt, Nelken und Sternanis dazugeben, Zucker und Tomatenmark unterrühren. Gelee und Wein hinzufügen und alles ca. 5 Min. kochen lassen. Die Fleischstücke wieder dazugeben und im heißen Ofen zugedeckt ca. 2 Std. schmoren, dabei ab und zu umrühren. Aus dem Ofen nehmen und abkühlen lassen. Anschließend Fleisch und Gewürze aus der Sauce nehmen. Das Fleisch vom Knochen lösen und klein schneiden. Die Sauce mit dem Pürierstab fein pürieren, mit Salz und Pfeffer abschmecken. Das Fleisch in die Sauce geben und nochmals erwärmen. Dazu passen Knödel jederlei Art.

Arbeitszeit
15 Minuten

Stehen lassen
12 Stunden

Arbeitszeit
25 Minuten

Ruhezeit (schmoren)
20 Minuten

Gesamtzeit (ohne Marinieren)
ca. 2 Stunden 40 Minuten

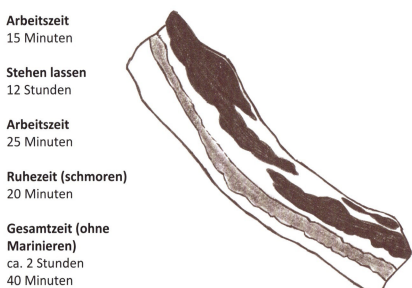

OSTERHASE
NACH FRANZ-GEORG SEIFERT, NEUZEIT

ZUTATEN

Hasenfleisch ausgelöst, ca. 1 kg

2 TL Senf, extrascharf

70 g Speck geräuchert in Würfeln

30 g Butterschmalz

1 große Zwiebel gewürfelt

1 EL Tomatenmark

200 ml Rotwein

2 Lorbeerblätter

7 Wacholderbeeren abgequetscht

Gemüsebrühe Instant

Schwarzer Pfeffer aus der Mühle und etwas Salz

Arbeitszeit
30 Minuten

Ruhezeit (schmoren)
ca. 75 Minuten

Arbeitszeit
15 Minuten

Gesamtzeit
ca. 2 Stunden

Das Hasenfleisch am Vortag unter fließendem Wasser waschen, gründlich mit Küchenkrepp trockentupfen und mit dem scharfen Senf bestreichen. Einen Schmortopf bei geringer Hitze vorwärmen. Die Speckwürfel in einer Pfanne ausbraten, dann das Butterschmalz zufügen und die Hasenstücke darin rundum schön braun anbraten. Wenn das Fleisch eine schöne Farbe bekommen hat, nach und nach die Zwiebelwürfel an der Seite mit anbraten. Das Fleisch in den Schmortopf umfüllen. Tomatenmark zu den Zwiebeln geben, noch kurz mit anrösten, dann mit dem Rotwein ablöschen und den Pfanneninhalt ebenfalls in den Schmortopf gießen. Mit Wacholderbeeren, Pfeffer, Lorbeerblättern und Salz würzen. Die Röststoffe in der Pfanne mit der Gemüsebrühe losköcheln und auch noch dem Hasenfleisch zufügen. Einen Deckel aufsetzen und alles etwa 60 bis 90 Minuten garschmoren lassen. Wenn das Fleisch weich ist, herausheben und warmhalten. Die Lorbeerblätter entfernen. Aus dem Schmorsaft eine Soße zubereiten (der Saft kann noch mit Gemüsebrühe verlängert werden, wenn mehr Soße benötigt wird.) Dazu mit dem Stabmixer einmal gründlich durchmixen und wenn nötig, mit etwas angerührter Stärke leicht binden.

Dieses Essen wurde mir beim Besuch der Familie Seifert in Coburg kredenzt und ich war begeistert. An diesem Tag wurden dazu Rotkraut und Kartoffelklöße serviert.

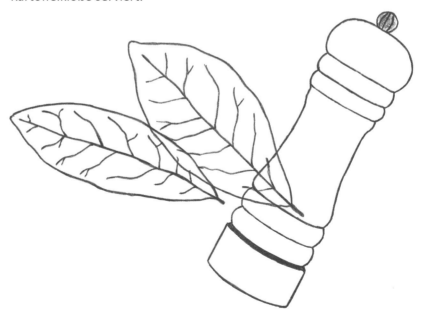

WALTER GAUDLS ERINNERUNGEN AN DIE KOMOTAUER GASTRONOMIE

Walter Gaudl wurde am 20.12.1901 in Komotau als Sohn vom Inhaber des „Pilsner Biersanatorium – Fam. Gaudl", in der Bahnhofstraße 6, geboren.

Sein persönlicher Rückblick umfasst besonders die glückliche, sorglose Jugendzeit im elterlichen Haus und den Aufenthalt an der Handelsschule Brüx von 1917-1919. Beruflich landete er beim Arbeitsamt Brüx.

Seit 1941 hat er Wehrdienst geleistet und kam 1946 aus der Gefangenschaft nach Sandbach im Odenwald. Dorthin hat Gaudl seine Ehefrau Mantschi, geb. Stark und seine beiden Söhne geholt. Schließlich fand er in langen/Hessen eine Wohnung für die ganze Familie, für sich eine Anstellung bei den Stadtwerken; 1967 ging er in Pension.

Walter Gaudl, der mit der goldenen Sängernadel ausgezeichnet ist, war mit seiner Frau einer der treuesten Angehörigen des „Ringes heimattreuer Komotauer in Hessen". Seine Nachbetrachtung der Komotauer Gaststätten wird beim lesen zur freudvollen Erinnerung für alle ehemaligen Bewohner von Komotau und Umgebung.

Jedes nun folgende Lokal hatte, ohne Anspruch auf Größe oder Bekanntheitsgrad zu erheben, seinen besonderen Reiz und überall gab es Stammgäste, die es immer wieder anzog.

HOTELS UND GROSSGASTSTÄTTEN

HOTEL SCHERBER, Frohngasse – Max Schreber.
Das historische Kaiserzimmer, das Kaffeehaus, die feudalen Fremdenzimmer und am Sonntag der 5-Uhr Tee der Elite unter der Leitung von Paul Mühlsiegl zogen Gäste auch aus Prag und Karlsbad an.

HOTEL REITER, Marktplatz – Adolf Bartonitz.
Mit Restaurant, Café und Fremdenzimmern hatte auch nach 1945 noch einen Ruf aus alten Zeiten.

HOTEL ADLER, Marktplatz – Fam. Winterstein.
Der große Ballsaal bot genug Platz für Vereinsunterhaltungen, Bälle und Tanzstunden. Später zog dort das Invaliden-Kino, speziell sonntags, viele Besucher an. Die „Schwemme" ebenerdig wurde von einer besonderen Gästegruppe frequentiert.

STÄDTISCHE PARKSÄLE, Parkweg – Wild, Bartonitz, Schindler. Das gute Restaurant und Café sowie der Theatersaal der Stadt waren weit bekannt. Der weite Garten mit Veranda und Musikpavillon lockte zum „Tanz im Blumenbeet". Auch die Vereinslokale des Männer- und Volksgesangsverein, des Schachklubs und der Loge „Schlarafia" waren dort untergebracht.

TURNHALLE DES DTV 1864, Albrecht-Dürer-Straße – Hugo Dolleschel, Schindler. Geboten wurde der große Saal für Bälle und Vorträge, das Speiserestaurant und Café, Bar mit Tanzdiele und die 1. Doppelkegelbahn.

HOTEL WEIMAR, Rich.-Wagner-Straße – Ardelt, Weigt. Es stand das Restaurant und Fremdenzimmer, sowie die 1. Beleuchtete Glastanzdiele zur Verfügung.

PASSANTENHOTEL, Bahnhofstraße – Fam. Schmiedl u. Olbert. Das Haus war mit Restaurant und Fremdenzimmern ein Anlaufpunkt für Reisende vom Bahnhof her.

HOTEL SCHUTER, später SEIDL, Plattnerstraße – Seidl. Auch hier gab es ein Restaurant und Fremdenzimmer.

HOTEL DEUTSCHES HAUS, Plattnerstraße – Peter Wenz. Hier lockten nicht nur Speiserestaurant und Fremdenzimmer, sondern auch der Tanztee mit der Kapelle Tilp und Spania.

HOTEL CESKI DOMOV, Plattnerstraße. Hatte Hotelzimmer und Restauration.

HOTEL MERTIN, Leipziger Straße – Fam. Mertin. Im 1. Stock war das Vereinslokal der „Deutschen Liedertafel u. der Chor Gemeinschaft". Saal, Restaurant und Café standen zur Verfügung.

AM LAGERKELLER, Weinberggasse – Fam. Binder. Das Haus mit Saal, Restaurant, Gartenwirtschaft, einer Bühne und Gartenveranda richtete die Austragung internationaler Ringkämpfe aus.

RUHLANDSHALLE, Plattnerstraße – Familie Franke. Hier gab es ein Restaurant, einen großen Saal, in dem Vater und Sohn Mühlsiegl Tanzstunden abhielten. Die Gartenwirtschaft mit Musikpavillon eignete sich für Sommerfeste. Der „Deutsche Burschenverein" und die Penali-Studentenverbindungen hielten dort ihre Kommerse.

TURNHALLE DES TV-OBERDORF, Ganghoferstraße. Hatte Restaurant, großen Saal, Kegelbahn und war das Veranstaltungslokal der Oberdorfer Vereine.

HOTEL REICHENAUER, Leipziger Straße. Mit Restaurant, beherbergte das sehr beliebte „Oberdorfer Kino" mit interessanten Filmvorführungen.

KAFFEEHÄUSER AUCH ZUM ZEITUNG- UND ILLUSTRIERTENLESEN

KAFFEE ZENTRAL, früher HABSBURG, Schulgasse – Suttner, Ulrich, Kugler. Besonderheiten waren Billiardzimmer, Spielklubzimmer und abends Tanz im 1. Stock.

KAFFEE NÄHRING, Gerstnergasse – Fam. Nähring. Bot Unterhaltungskonzert.

KAFFEE KORSO, früher STADT HAMBURG, Schießhausgasse – Fam. Lanzendörfer. Bot eine Tanzdiele und Unterhaltungskonzert.

KONDITOREI mit Kaffee: Gluckgasse – Hengelmüller, Marktplatz – Glaser, Schloßgasse – Aichberger.

SPEISEGASTSTÄTTEN

BAHNHOFSRESTAURANT, Hauptbahnhof – Fam. Kraupner. Mit großer Karte.

ALT HEIDELBERG, Plattnerstraße – Fam. Hugo Dolleschel. Beliebtes Speiselokal mit Spezialitätenküche. Im Vereinszimmer trafen sich die „Tafelrunde" und der „DHV". Um die getrennten Stammtische trafen sich die Honoratioren der Stadt, Handelsvertreter, Ärzte und Kartenspieler. Beliebt waren Kalbspaprika und Sauerbraten. Ein besonderer Mittagstisch für Fahrschüler aus Gymnasium und Lehrerbildungsanstalt half der Jugend.

HAUS MITTELBACH (Kaiser von Österreich), Bahnhofstraße – Fam. Mittelbach. Hatte ein gemütliches Restaurant und Weinhandlung mit angeschlossener Fleischerei (Mittelbach-Würstchen).

PILSNER BIER-SANATORIUM (1924 aufgelassen) – Fam. Gaudl. Spezialität war Pilsner Bier direkt vom Fass im Keller. Ein angenehmes Restaurant mit Weinhandlung.

STADT KARLSBAD, Am Graben – Fritz Annacker.

GASTHAUS ZUR ALTEN EICHE, Parkstraße – Wenzel Dirb. Bot Hausmannskost, ff. Komotauer Bier und Fremdenzimmer.

DAS KASINO (Kutscherstube) Schulgasse – der aufgeschlossene Wirt Wenzel Willomitzer hatte sehr individualistische Stammgäste.

GOLDENES KREUZ, Bahnhofstraße – Fam. Jugl. Hatte seinen besonderen Kundenstamm.

GOLDENER STERN, Bahnhofstraße – Oskar Dick. War ein anständiges Restaurant mit kleinem Saal und Winzerkeller.

STADT WIEN, Schloßgasse – Fam. Ardelt.

STADT DRESDEN, Kohlstadtgasse – Fam. Klemm. Hatte im Restaurant als Spezialitäten Fisch und Wildbret.

Kaffee Zentral

DIE DONAU, Fleischbankgasse – Fam. Förster.

DIE QUELLE, Gerstnergasse – Fam. Switek.

KRIEGERHEIM, Plattnerstraße – Wenzel Unverdorm (Pulverwenz, Veteranen-Oberst), Fam. Holmatz. Haus mit Restaurant, Fleischerei und Fremdenzimmer.

BINDERS WEINSTUBE, Herrengasse – Anton Binder. Dies war das 1. Spezial-Weinlokal am Platz.

EINKEHRWIRTSCHAFTEN UND PFERDESTÄLLE

ZUM SCHIEFERHOF, Kreuzung Langegasse und Heinrichstraße, gegenüber Silberbleiche.

GRÜNER BAUM, Bahnhofstraße – Fam. Olbert. Eine beliebte Gaststätte für Samstags- und Sonntagsunterhaltung mit Damenkapelle und Humoristen. Es wirkten Herr Olbert sen. und Wenzel Mittelbach, genannt der Herrgottschnitzer, persönlich mit.

GASTHOF HAUSCHILD, Plattnerstraße – Fam. Hauschild. Hier war das Vereinslokal des Mandolinen- u. Zitherklubs.

UNTERHALTUNGS- UND NACHTLOKALE

ZUM WEISSEN RÖSSL, Kreuzung Plattnerstraße und Parkweg – Fam. Plapp. Besonderheiten waren drehbarer Stammtisch und Musikautomat, Vereinslokal der „Thalia" mit Spielbühne (Theater u. Volksstücke), Unterhaltung mit Damenimitator Peppi Krallert u. a. Humoristen.

KOMOTAUER BIERSANATORIUM, Bahnhofstraße – Wenzel Peter. Das Haus hieß früher „Gasthaus zum Bahnhof", nach der Umbenennung waren besonders beliebt die Tanzdiele mit Kabarettprogramm und Nachtbar.

Stadt Dresden

GEMSJÄGER, Plattnerstraße – Fam. Nosowski. Bekannt war die Nachtbar mit Damenbetrieb und Musik durch Viktor Kirchenberger.

KÜNSTLERKLAUSE, Kohlstadtgasse. Hier war ebenfalls eine Tanzdiele mit Damenbetrieb.

WEIN-TRAUBE, Hutergasse. Da gab es vornehmlich Damenbetrieb.

NACHTBAR, früher Hotel Kronprinz, später Zuth Eisenhof, Langegasse – Wenzel Peter. Bekannt waren besonders die Tanzdiele und das Kabarettprogramm.

Die Quelle

KELLNERINNEN-LOKALE

SCHWEIZ, Sandgasse. Mit Stiegerl zum Assigbach.
FORTUNA, Sandgasse. Na, Spaß gabs da auch.
BASTEI, Lessingsstraße.
STADT GRAZ, Lessingsgasse (Rudolfstraße).

RESTAURATIONEN MIT TANZSÄLE

GORDAS RESTAURANT, Eidlitzer Straße – Fam. Gorda. Samstags und sonntags gab es Tanz mit großem Orchestrion.

LANGERS GASTHAUS, Leipziger Straße – Fam. Langer. Besonders beliebt zur Obersdorfer Kerb und durch die Goldstunde montags.

DICKS GASTHAUS (Der lustige Tiroler), Leipziger Straße – Fam. Dick.

GASTSTÄTTEN MIT DAMEN- ODER FAMILIENBEDIENUNG

FROHER ZECHER, Gärtnergasse – Fam. Reisig. Ein Lokal mit Trophäen aus Afrika. Der Besitzer erzählte gerne von seinen Reiseerlebnissen.

ZUM FASSL, Gärtnergasse – Fam. Binder. Es war eine gemütliche Gaststube mit Kegelbahn.

ROSENGARTEN, Kreuzgasse – Fam. Schramm. Mit Restaurant und Fleischerei.

VOLKSHAUS, Glockengasse – Vereinsheim der Sozialdemokraten.

GASTHAUS ZUR GELEGENHEIT, Eidlitzer Straße – Fam. Schmiedl. Hier war das Vereinslokal für den Pfeifenklub (großer Ständer mit verschiedenen Pfeifen), den Tauben- Geflügelzuchtverein sowie für verschiedene Jugendgruppen.

EICHKATZL, Gerstnergasse – Fam. Bussek.

KLEEBLATTL, Gerstnergasse – Fam. Strunz.

MARSCH-GASTHAUS, Gerstnergasse – Fam. Marsch.

GASTHAUS ZUM PARADIES, Heinrichstraße – Fam. Himmel, wie konnte es anders sein.

NEUKIRCHNERS GASTHAUS, Meißnerstraße – Fam. Neukirchner. Dies war ein Kneiplokal der Penali Studentenverbindungen.

Eichkatzl

DIE STRASSENNAMEN DAMALS UND HEUTE

Am Graben – Na příkopech
Albrecht-Dürer-Straße – Dr. Farského
Bahnhofstraße – Nádražní
Eidlitzerstraße – Dukelská
Fleischbankgasse – Neudova
Frohngasse – Chelčického
Ganghoferstraße – Jiráskova
Gärtnergasse – Grégrova
Gerstnergasse – Hálkova
Glockengasse – Hejdukova
Gluckgasse – Puchmayerova
Hauptbahnhof – Nádraží Chomutov
Heinrichstraße – Riegrova
Herrengasse – Revoluční
Hutergasse – Karla Buriana
Kohlstadtgasse – Partyzánská
Kreuzgasse – Tovární
Langegasse – Palackého
Leipziger Straße – Lipská
Lessingstraße – Puškinova
Marktplatz – Náměstí 1. Máje
Meißnerstraße – Meisnerova
Parkweg – Boženy Němcové
Plattnerstraße – Blatenská
Richard-Wagner-Straße – Školní
Sandgasse – Pískova
Schießhausgasse – Jakoubka ze Stříbra
Schloßgasse – Táboritská
Schulgasse – Školní
Weinberggasse – Vinohradská

Was aus der Erinnerung von Walther Gaudl ein altes Bild von Lebensfreude zeichnet, ist hier vielleicht ein- und letztmalig schriftlich festgehalten.

Holt doch einmal den damaligen Stadtplan von Komotau her und nachvollzieht einen Gang durch unsere damalige Gastronomie und träumt lächelnd zurück.

Walter Kult

DIE VORFAHREN DES ERIK BUCHHOLZ
SEINEM GROSSVATER ROBERT KRAUSE SEN., DEM FRISEUR UND BARBIER

Robert Krause (1893-1965)

Am 11. Februar 2022 war ich beim bekannten Geraer Künstler Erik Buchholz. Er hat sudetendeutsche Wurzeln und pflegt in vorbildlicher Weise immer noch die Kommunikation in die Heimat seiner Vorfahren. Bei Facebook hatte er ein Bild seines Großvaters veröffentlicht und deshalb nahm ich zu ihm über einen Freund Kontakt auf. Ich habe ihm und seinen Vorfahren in umfangreiches Kapitel gewidmet. Lieber Erik, vielen Dank jetzt schon für Deine Geduld beim Beantworten meiner vielen Fragen. Schön finde ich auch, dass euer Sohn Wenzel Interesse an der Familiengeschichte zeigt. Der Verleger Jürgen Tschirner wird von Deinen großartigen Fotos begeistert sein. Nochmals Danke an meinem lieben Freund Kay Voigtmann, der den Kontakt herstellte.

Erik Bucholz

Zuerst fiel mir bei der Sichtung der auf dem Küchentisch ausgebreiteten historischen Hinterlassenschaften seiner Vorfahren das handgeschriebene Kochbuch der Urgroßmutter Anna Rosenberg, geb. Heinzel (1869-1944), fortgeführt von der Großmutter Agnes Krause, geb. John (1902-1959) auf. Daraus habe ich speziell die Suppenrezepte herausgesucht.

Pfarrer Cölestin Baier

Ein Hochzeitsbild des Ehepaars Krause ist nicht überliefert, daher eine Aufnahme aus den letzten Ehejahren in Mühlsdorf

Gossensaß am Brenner, mittig im Bild Robert Krause senior als Friseurgehilfe

Nieder-Adersbach. Mitarbeiter der Glassandwäsche der Domäne Adersbach. Diese Firma war der größte Arbeitgeber in der Gegend

Bemerkenswert ist die Lebensgeschichte des Großvaters. Robert Krause 1893-1965, Friseur und Barbier.

Zunächst Wanderjahre in der Schweiz als Friseur- und dann? Ein eigener Friseursalon in Oberadensbach Nr. 19. Leider musste er den Salon schließen und nahm in der Leineweberei eine Arbeit als Elektriker bis 1945 auf. Er lernte die Bäuerin Agnes John kennen und lieben. Es folgten erfolgreiche Jahre für beide. Die familiäre Landwirtschaft lief sehr gut und auch seine Arbeit war anerkannt.

Die Stadt Adersbach (tschechisch Adršpach) entstand im 13. Jahrhundert im Zuge der Kolonisierung des Braunauer Landes. Die gleichnamige Burg wurde erstmals 1348 erwähnt und war 1354 im Besitz des Hanuš von Dubá auf Adersbach. Dessen Nachkommen errichteten unweit der Burg, welche nach den Hussitenkriegen als Raubritternest durch die Schlesier zerstört wurde, ein Kastell. Peter von Dubá verkaufte Adersbach zusammen mit den Burgbezirken Rýzmburk und Skály 1534 an Johann von Pernstein, der im selben Jahr von seinem Bruder Vojtěch von Pernstein die Herrschaft Nachod geerbt hatte. Nach häufigen Besitzerwechseln gelangte Adersbach an Johann Nádherný, bei dessen Nachkommen es bis 1948 verblieb. Nach Aufhebung der Patrimonialherrschaften gehörte Adersbach zur Bezirkshauptmannschaft Braunau. Seit dem 19. Jahrhundert entwickelte es sich wegen der benachbarten Felsenstadt, die 1790 von Johann Wolfgang von Goethe besucht wurde, zu einem beliebten Ausflugsort. Die Zahl der Einwohner betrug im Jahr 1900 1.538 und im Jahr 1930 noch 1.490, davon 1.390 Deutsche.

Nach dem Münchner Abkommen 1938 wurden die überwiegend deutsch besiedelten Gemeinden Nieder-Adersbach (Dolní Adršpach) und Ober-Adersbach (Horní Adršpach) dem Deutschen Reich zugeschlagen und gehörten bis 1945 zum Landkreis Braunau. In den Jahren 1945 und 1946 erfolgte die Vertreibung der deutschen Bewohner. Die Zahl der Einwohner ging deutlich zurück. Der letzte Besitzer des Schlosses war Constantin von Nádherny, der nach der kommunistischen Machtübernahme 1948 enteignet wurde und nach Österreich emigrierte. 1949 wurden Dolní Adršpach und Horní Adršpach zur Gemeinde Adršpach vereinigt. Zwischen 1976 und 1990 war Adršpach nach Teplice nad Metují (deutsch Weckelsdorf) eingemeindet.

Die Kinder der Familie Krause um 1935. Gerhard, Gertraud und Annemarie Krause.

Braunauer Heimattag 2019

Am 13.2.1944 kam dann Helmtraud Buchholz, geb. Krause zur Welt. Sie ist die Mutter von Erik Buchholz.

1944 trübte die Vermisstenmeldung von Sohn Gerhard nach Kampfhandlungen im Kurlandkessel den Familienhimmel. Im Januar 1945 begann die Evakuierung der deutschstämmigen Bevölkerung aus Schlesien. Trecks zogen durch das Böhmische. Manche Menschen blieben auch hier. Wehrmachtskolonnen, Deserteure und Volkssturmleute bevölkerten die Straßen, Flure und Wälder. Bis 1945 hatte man friedlich miteinander gelebt. Deutsche und Tschechen und Tschechen und Deutsche. Es war sogar üblich, dass ein Kind für ein Jahr in eine tschechische Familie kam und ein tschechisches Kind in eine deutsche Familie.

Am 13.2.1945 konnte man den Feuerschein der bombardierten Stadt Dresden bis in die böhmische Heimat der Familie sehen. Dann zog die Rote Armee kampflos in die Region ein. Innerhalb kürzester Zeit tauchten tschechische Partisanen auf und richteten ein Blutbad unter den dort lebenden Deutschen an. Unter dem Vorwand, man suche Männer, die ab 1938 in Freikorps tätig waren, wurden viele Männer sofort erschossen. Ab Mai 1945 begann die Vertreibung der sudetendeutschen Familien in Wellen. Es wurde nach einem Muster vorgegangen. Zunächst wurden am 1. Juli 1945 alle Lehrer verhaftet und in polnische Arbeitslager verbracht. Im Januar 1946 wurde der Großvater Robert Krause senior verhaftet und kam in ein Arbeitslager nach Rumburk. Die Großmutter musste allein die bäuerliche Wirtschaft erhalten. Im Mai 1946 kam der Großvater zurück und die ganze Familie hatte innerhalb von einer halben Stunde das Anwesen mit wenigen Habseligkeiten zu verlassen. Zuerst wurden sie in das Vertriebenenlager Halbstadt-Braunau eingewiesen. Das Lager war jedoch total überfüllt. Die Familie fand Unterschlupf in den Braunauer Fabrikhäusern. Am 16.06.1946 wurde die Familie mit anderen in einen Viehtransport gepfercht. Es ging in Richtung Osten und nicht nach Westen.

Der erste Halt war in Altenburg (damals noch Sachsen), Entlausung und Erfassung der Personalien. Immer noch wurde nach Nazis, die sich des

Völkermordes schuldig gemacht hatten, gesucht. So die offizielle Darstellung zur mehrmaligen Feststellung der Personalien. Besonders die Männer wurden nach eintätowierten Blutgruppen -Erkennungen abgesucht. Fand man doch welche, verschwanden diese in den neu entstandenen „Umerziehungslagern" wie Buchenwald bei Weimar. Dann folgten mehrere Wochen in einem Quarantänelager Hirschberg an der Saale. Plötzlich wurden wieder alle in einen Zug mit offenen Waggons gesteckt und von dort weggebracht. Über Greiz und Triebes kamen sie nach Bad Köstritz bei Gera. Dort warteten schon Bauern aus Mühlsdorf, Rüdersdorf und Pörsdorf mit Pferdefuhrwerken und die Familien wurden nach Listen aufgeteilt. Die Großeltern kamen nach Mühlsdorf Nr. 19 ins Quartier zur Familie Tischendorf, später dann zur Familie Körner Nr.27. Der Großvater bekam sofort Arbeit als Elektriker und die Großmutter als Forstarbeiterin im Forstamt Weida. In der neuen Heimat fand man sich schnell zurecht. Sie waren bescheiden. Die Sehnsucht nach der Heimat blieb. Nach und nach bekam man wieder Kontakt mit der Verwandtschaft, die in Ost- und Westdeutschland verstreut war. Der DRK- Suchdienst wurde kontaktiert. Die Hoffnung, den Sohn Gerhard wiederzusehen, haben beide Eltern bis zu ihrem Tod nie aufgegeben. Die Mutter des Erik Buchholz, Helmtraud Krause, begann eine Ausbildung zur Verkäuferin im Einzelhandel. 1966 heiratete sie Erich Buchholz, (geb. 1940), einen ebenfalls Vertriebenen aus Weißenfelde (Weißenfelde ist ein Ort, der 1939 zum Deutschen Reich gehörte und im Verwaltungsgebiet Sichelberg lag. Weißenfelde gehörte ehemals zum Deutschen Reich (heute heißt der Ort Białasy und gehört zu Polen).

Im Jahr 1969 wurde mein Gesprächspartner, Erik Buchholz geboren. Mutter Helmtraud arbeitete dann bei der Post und der Vater war Elektriker für Hochspannung bei dem SDAG-Wismut. Beide sind heute Rentner und stolz auf ihren Sohn, der mit Hingabe die Pflege der Heimat seiner Vorfahren aktiv betreibt.

Nieder-Adersbach, Dorfstraße Blickrichtung Schloß Adersbach, links Haus Nr. 81. In den 1920er Jahren befand sich dort das Geschäft von Robert Krause senior, dem Krause-Rasierer

Ab und an fährt die Familie Buchholz in die Heimat seiner Vorfahren. Es erfreut ihn, dass Sohn Wenzel sich ebenfalls für die Heimatgeschichte und die Vorfahren vom Vater interessiert. Wenzel Buchholz ist schon Mitglied im Braunauer Heimatkreis. Die Speisen aus dem handgeschriebenen Kochbuch, welches von der Urgroßmutter begonnen wurden, finden hin und wieder im familiären Speiseplan Verwendung.

Die nun folgenden Rezepte sind aus dem Kochbuch von Anna Rosenberg, geb. Heinzel (1869-1944), fortgeführt von der Großmutter Agnes Krause, geb. John (1902-1959)

Das Bild vom 9. April 1920 stammt aus dem Dorfbuch „LÖCHAU" von Manfred Reimann und zeigt die Löchauer Klapperjungen. Dazu gibt es folgende Geschichte. Nach dem Palmsonntag, dem Blauen Montich und dem Krummen Mittwich, kam nun der Gründonnerstag. Im Braunauer Land schwiegen die Glocken. Sie waren nach Rom geflogen, sagten die Leute. Wie die Zeit einteilen? Zur Messe rufen. Mit Klappern und Ratschen zogen die Kinder durch die Orte. „Kloppan giehn Kappern gehen". Sie zogen von Haus zu Haus, Sprüche aufsagend baten sie um Geschenke.

OMAS GEMÜSESUPPE NR. 1

ZUTATEN

1 kg Karotten

1 ½ kg Kartoffeln, vorwiegend festkochend

1 Kohlrabi

2 Stangen Lauch

1 Knollensellerie

1 Bund Petersilie

etwas Salz

Arbeitszeit
20 Minuten

Kochzeit
30 Minuten

Gesamtzeit
50 Minuten

Den Lauch putzen, die Karotten schälen und beides in feine Ringe schneiden. Die Kartoffeln und den Kohlrabi schälen und beides in kleine Würfel schneiden. Sellerie ebenfalls etwas zerkleinern. Das ganze Gemüse in einen entsprechend großen Topf geben und mit Wasser auffüllen, bis das Gemüse beinahe bedeckt ist. Jetzt das Ganze zum Kochen bringen, ca. 30 Minuten auf kleiner Flamme mit geschlossenem Deckel köcheln lassen. Zwischendurch ab und zu mit einem Kartoffelstampfer das Gemüse etwas zerdrücken. In der Zwischenzeit die Petersilie von den Stängeln zupfen. Gegen Ende der Kochzeit abschmecken, etwas Salz zugeben. Ganz am Schluss noch die Petersilie zugeben und nochmals kurz aufkochen. Bei Oma gab es immer noch kleine Knacker dazu. Die Würstchen wurden in einem extra Topf gewärmt und erst am Tisch klein geschnitten und in die Suppe gegeben.

OMAS GEMÜSESUPPE NR. 2

ZUTATEN

1 große Zwiebel, fein gehackt

2 EL Mehl

2 EL Öl, Salz und Pfeffer nach Geschmack

3 Karotten

1 Blumenkohl

3 Kartoffeln

Arbeitszeit
20 Minuten

Kochzeit
30 Minuten

Gesamtzeit
50 Minuten

Gemüse, Kartoffeln, Zwiebeln putzen und in kleine Würfel schneiden. Die Zwiebeln in Öl anrösten, Mehl dazugeben, unter Rühren rösten, bis die Mehlschwitze gelb ist. Mit ca. 1 Liter kaltem Wasser aufgießen. Mit dem Schneebesen schlagen, damit keine Klumpen entstehen. Salz und Pfeffer dazugeben und abschmecken. Gemüse und Kartoffeln geschnitten dazugeben und kochen, bis alles gar ist.

OMAS LAUCHSUPPE

ZUTATEN

8 Schwarzbrotscheiben

3 EL Öl

500 g Hackfleisch, gemischt

2 Zwiebeln, fein gehackt

3 Stangen Lauch

700 ml Wasser

250 g Schmelzkäse

1 Becher Crème fraîche, ca. 150 g

2 Zehen Knoblauch

Salz und Pfeffer

Muskat

Arbeitszeit
20 Minuten

Kochzeit
15 Minuten

Gesamtzeit
35 Minuten

Öl in einen großen Topf geben. Die Zwiebelwürfel anschwitzen und dann das Hackfleisch darin von allen Seiten gut anbraten und mit Salz und Pfeffer würzen. Den Lauch putzen, in kleine Ringe schneiden und zum Hackfleisch geben. Ca. 5 Minuten mit anbraten. Das Wasser zugießen und alles ca. 10 Minuten auf kleiner Flamme köcheln lassen. Den Schmelzkäse einrühren und schmelzen lassen. Crème fraîche untermengen und noch einmal kurz aufkochen lassen. Die Suppe mit Salz, Pfeffer, Muskat, zerdrückten Knoblauch-zehen kräftig abschmecken. Die Schwarzbrotscheiben etwas anrösten und zur Suppe reichen.

DEFTIGE GULASCHSUPPE NACH OMA

ZUTATEN

500 g Rindergulasch

1 große Zwiebel, fein gewürfelt

2 Zehen Knoblauch, fein gerieben

2 EL Butterschmalz

800 ml Rinderbrühe

150 ml Rotwein

Salz und Pfeffer

3 TL Paprikapulver, rosenscharf

3 EL Paprikapulver, edelsüß

1 EL Tomatenmark

2 EL Zucker

4 Zweige Majoran, die Blätter davon, grob gehackt

2 Lorbeerblätter

3 große Kartoffeln, in Würfel geschnitten

1 große Karotte, in Scheiben geschnitten

2 Paprikaschoten, klein gewürfelt

½ Bund Petersilie, fein gehackt

Rindfleischwürfel im Butterschmalz 5 Minuten anbraten, dabei umrühren, dann die Zwiebeln und Knoblauchstücke dazugeben, weitere 5 Minuten mitdünsten.
Mit Rinderbouillon und Rotwein ablöschen, mit Salz, Pfeffer, Zucker, Paprikapulver, Lorbeerblättern, Tomatenmark und Majoran würzen. Dann bei geschlossenem Deckel ca. 60 Minuten bei kleiner Hitze schmoren.
Die Kartoffel-, Paprika- und Karottenstücke zugeben und weitere ca. 20 Minuten köcheln lassen, bis das Gemüse gar ist. Dann Petersilie unterrühren und heiß servieren.

Arbeitszeit
20 Minuten

Kochzeit
15 Minuten

Gesamtzeit
35 Minuten

OMAS GEMÜSESUPPE MIT RÄUCHERFISCH

ZUTATEN

3 große Kartoffeln

1 Stange Lauch

2 EL Butter

200 g Räucherfisch-filet, entgrätet

100 ml Sahne

3 EL Dill, gehackter

Arbeitszeit
15 Minuten

Kochzeit
20 Minuten

Gesamtzeit
35 Minuten

Die Kartoffeln waschen, schälen und in Würfel schneiden. Den Lauch waschen und in Ringe schneiden. Beides in zerlassener Butter leicht anbraten. 1 Liter Wasser dazugeben und alles 15 Min. kochen. Eventuell mit dem Pürierstab ganz leicht pürieren (nur ein paar Impulse). Den Räucherfisch in mundgerechte Würfel schneiden und zu der Suppe geben. Alles noch einmal 5 Minuten ziehen lassen. Die Suppe mit Sahne verfeinern und mit Dill bestreuen. Heiß servieren.

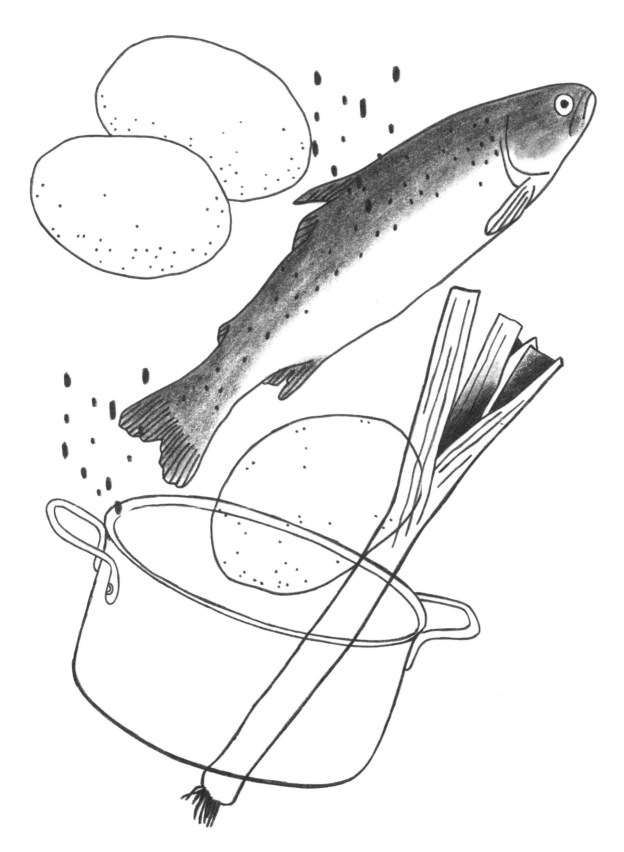

DER KARLSBADER KÜCHENMEISTER
KARL FRIEDRICH MOSER (1885 - 1963)

KARL FRIEDRICH MOSER (1885 - 1963)
LEHRZEIT IM HOTEL ADLON UND GESELLENPRÜFUNG 1905
KÜCHENMEISTERPRÜFUNG 1922 VOR DER HANDWERKSKAMMER IN PRAG

ZUR ORTSGESCHICHTE VON KARLSBAD

Siedlungsspuren finden sich aus der Urzeit, der späteren Bronzezeit sowie aus den Anfängen der slawischen Besiedlung. Schon im 14. Jahrhundert dürfte die Heilwirkung der Karlsbader Thermalquellen bekannt gewesen sein. Im Jahr 1370 erhob der böhmische König und römisch-deutsche Kaiser Karl IV. den schon vorher bestehenden Ort Vary (Warmbad) zur Königsstadt Karlovy Vary.

Die Quellen wurden für Bäder und Trinkkuren genutzt. Im Jahr 1522 erschien die erste schriftliche Abhandlung über die Quellen. Hochwasser, Brände und der Dreißigjährige Krieg behinderten immer wieder das Wachstum der Stadt. Einen großen Aufschwung nahm der Badebetrieb in der Mitte des 19. Jahrhunderts.

Nach dem 1. Weltkrieg wurde Karlsbad im Vertrag von Saint Germain der neuen Tschechoslowakischen Republik zugeschlagen und 1938 im Münchner Abkommen an das Deutsche Reich angegliedert.

Im 2. Weltkrieg wurde Karlsbad bombardiert und teilweise beschädigt. Das Potsdamer Abkommen brachte eine Rückgliederung Karlsbads in die Tschechoslowakische Republik. Seit der Samtenen Revolution 1989 kann Karlsbad wieder sehr internationales Publikum begrüßen.

An der wirtschaftlichen Entwicklung der Kurstadt Karlsbad waren auch jüdische Unternehmer maßgeblich involviert; ein bedeutendes industrielles Unternehmen war das der Glashütten Ludwig Moser & Söhne. Die Familie Moser war weitverzweigt in Karlsbad und Umgebung.

Am 3. Oktober 1885 wurde Karl Friedrich Moser als einziges Kind des Glasmachers Friedrich Moser (1843 – 1908) und seiner Ehefrau Klara Moser geb. Böhme in Marienbad geboren. Die Großeltern von Karl Friedrich stammten aus Dresden und waren 1822 dem Ruf der Verwandtschaft gefolgt, die in Karlsbad und Umgebung eine große Glaswarenfabrik errichtet hatten. Die Mutter arbeitete als Lehrerin in einem Karlsbader Hauswirtschaftslehrinstitut. Der Vater war gelernter Glasmacher und führte als Meister eine Abteilung in der Glasfabrik, die einem seiner zahlreichen Onkel gehörte.

Das Kind Karl Friedrich Moser wuchs behütet auf und konnte die Schule bis zur Höheren Reife besuchen. Er besuchte den Arbeitsort seiner Mutter häufig und war schon als Kind eifriger Zuhörer ihrer Kochvorführungen vor den angehenden Hauswirtschafterinnen. Diese fanden dann sofort Arbeit in den zahlreichen Pensionen und bei begüterten Familien. Schon früh wurde in dem Kind Karl-Friedrich der Wunsch wach, Koch zu werden. Einer seiner Onkel hatte enge geschäftliche Beziehungen nach Berlin und wohnte stets im Hotel Adlon.

Mehrmals nahm er den Neffen mit und dieser durfte dann von 1905 bis 1908 eine Kochlehre in Deutschlands angesehenstem Hotel absolvieren.

Von 1910 bis 1920 war er dann in mehreren Hotels und feinen Restaurants in Karlsbad als Koch tätig. Mehrmals holte man ihn bis 1936 ins Adlon zur Aushilfe.

Seine Eltern zählten auch zum Freundeskreis von Karl May und dessen Frau Klara. Das Ehepaar Karl & Klara May besuchte des Öfteren Karlsbad und stiegen immer in einer familiengeführten Pension ab. Hier hielt Karl May Buchlesungen vor einem von ihm auserwählten Leserstamm. Mehrmals durfte Karl Friedrich Moser für diese Buchlesungsabende ein kleines kalt-warmes Büfett erstellen. Er erkannte schnell, dass der Meister Karl May Gefallen an Lammgerichten fand. So kreierte er für jeden Abend ein Extragericht mit Lamm.

Mir wurde eine große goldene Medaille gezeigt mit der Aufschrift:

„FÜR DEN JUNGEN KOCH KARL FRIEDRICH MOSER – DEN BESTEN LAMMKOCH – KARLSBAD IM DEZEMBER 1911„

Karl und Klara May 1904

Stolz zeigte mir Familie Moser ein großes Regal mit Originalbüchern, alle mit persönlichen Widmungen von Karl May. Man wolle diese, dem Karl-May-Museum übereignen, wenn sie in ein Appartement im Betreuten Wohnen hoch über Dresden ziehen.

Seine Küchenmeisterprüfung legte er 1922 vor der Deutsch-Tschechischen Handwerkskammer in Prag ab. Von 1923 bis 1935 arbeitete Karl Friedrich Moser in großen Hotels in Prag und Karlsbad. Dort war er verantwortlich für die Ausbildung des Köche-Nachwuchses.

Auch gab er hin und wieder an der Deutschen Küchenmeister-Akademie in Berlin Unterricht und nahm Prüfungen ab. Karl Friedrich Moser war einer der ersten deutschen Diätköche. Für wohlhabende Kurgäste stellte er mit den behandelnden Ärzten individuelle Speisepläne auf.

Es gab in Karlsbad dann das Israeliten-Hospital, dort war es auch sozial schwachen Juden möglich zu kuren, Unterkunft, Verpflegung und ärztliche Leistungen waren für sie unentgeltlich. Im Bereich des Hospitals befand sich in einem Gartenpavillon ein Betraum für die Kurgäste. Knapp sechs Jahrzehnte später wurde das „Kaiser Franz Joseph-Regierungs-Jubiläumshospiz für arme Israeliten" eröffnet.

Die Familie Moser war nie jüdischen Glaubens, auch die Vorfahren nicht. Sie fühlten sich aber zu Menschen jüdischen Glaubens hingezogen. Karl Friedrich Moser wollte ein Buch schreiben über die jüdische Küche und deren Richtlinien.

Der Kölling Verlag in Nordhausen wollte es drucken und herausgeben. Im Mai 1935 wurde er mit dem Manuskript und seinem gesammelten Recherchematerial dort hinbestellt. In Nordhausen angekommen, empfing ihn eine SA-Abteilung am Bahnhof, das Manuskript und all das wertvolle Material wurde im Hof des Verlages vor seine Augen mit Benzin begossen und er musste es selbst anzünden.

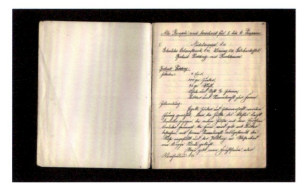

Handgeschriebenes Rezeptbuch

Die Verlagsleitung hatte ihn vorher nicht gewarnt. Als „Belohnung" dafür durfte der Verlag dann Fachbücher und Hefte über vegetarische Ernährung für die reichsdeutschen Haushalte herausbringen und verlegen. Nachdem ihm die SA-Leute verprügelt hatten, wurde Moser in den Zug gesetzt und nach Karlsbad ohne sein Gepäck zurückgeschickt.

Ab diesem Tag hatte er Zutrittsverbot zu allen speziellen Lehreinrichtungen im Deutschen Reich. Arbeits- und Lehrverbot! Bis zur Flucht 1946 nach Dresden arbeitete er als Hilfskoch in einem Krankenhaus bei Karlsbad.

Man kam bei Verwandten in Dresden unter. In zwei Dachkammern richteten sich Karl Friedrich Moser und Ehefrau Maria geb. Fischbach (1893–1954) häuslich ein. Maria half in der angrenzenden Gärtnerei und der Küchenmeister Karl Friedrich Moser arbeitete bis 1955 als Berufschullehrer.

In dem großen Karton befanden sich Rezeptbücher, Bilder und Aufzeichnungen aus dem Alltag des Küchenmeisters. Aus den handgeschriebenen Rezeptbüchern habe ich spezielle Lammrezepte herausgesucht. Die Familie Moser versicherte mir, dass in einigen Hotels und Gaststätten von Karlsbad verschiedene Lammrezepte von Friedrich Karl Moser auf den Speisenkarten zu finden sind.

Auch erinnert man bei Traditionstreffen von Köchen hin und wieder an ihren berühmten Vorfahren, den Küchenmeister Karl Friedrich Moser. Sie erinnern sich, als die Familie Moser mit ihrem ersten Auto, einen Skoda Oktavia 1963 mit ihm nach Karlsbad fuhr. Beim Anblick der Häuser habe er geweint. Zwei Wochen danach ist er friedlich in seinem Ohrensessel eingeschlafen. In den Händen hielt er Fotos seiner Frau und seinen Eltern.

LAMMFILET
MIT KNOBLAUCH-THYMIAN-SAUCE

ZUTATEN

8 Lammfilets

1 kleine Zwiebel, gehackt

3 Zehen Knoblauch, gehackt

2 TL Thymian

300 ml Fond vom Lamm

100 ml Sahne

4 cl Cognac

Pfeffer, frisch gemahlen

Salz

Öl

Zuerst die Lammfilets in einer großen Pfanne mit hohem Rand scharf in Olivenöl anbraten. Temperatur herunterschalten, die Hälfte Knoblauch und Thymian dazugeben, das Fleisch pfeffern und salzen. Die Filets, je nach Geschmack, pro Seite 1-2 Min. weiter braten. Aufpassen, dass der Knoblauch nicht braun wird. Nun das Fleisch aus der Pfanne nehmen und warm stellen. Die gehackte Zwiebel in die Pfanne geben, den Rest Knoblauch und Thymian dazugeben, kurz mit anschwitzen lassen und dann mit Cognac und Fond ablöschen. Pfeffern und salzen und alles kurz kochen lassen. Nun die Sauce durch ein Sieb passieren und die Sahne dazugeben. Nochmals kochen, bis eine sämige Konsistenz entsteht. Das Fleisch auf Kartoffelpüree in einem Saucenring anrichten. Dazu in Butter geschwenkte grüne Bohnen. Als Garnitur hauchdünne Apfelspalten.

LAMMROLLBRATEN MIT ROSMARIN

ZUTATEN

800 g Lammrollbraten

3 EL Senf zum Bestreichen

2 TL Rosmarin

3 Knoblauchzehen

6 EL Wasser

1 Prise Salz

1 Prise Pfeffer

3 EL Olivenöl

1 Bund Wurzelwerk (Suppengrün)

Für den Lammrollbraten mit Rosmarin geschälten Knoblauch in dünne Stifte schneiden. Den Braten waschen, trocken tupfen, salzen, pfeffern und mit Knoblauchstiften und Rosmarinnadeln spicken und in einen Bräter geben. Etwas Fett in den Bräter zufügen sowie das geputzte und klein geschnittene Wurzelwerk zufügen. Danach den Braten im vorgeheizten Ofen bei 180 Grad ca. 2 Stunden braten. Öfter wenden und je öfter man den Braten mit Bratensaft übergießt, desto mehr Geschmack bekommt er. Den Braten ca. 15 Minuten vor Ende der Bratzeit mit Senf bestreichen und fertig braten. Das fertige Fleisch aus dem Ofen nehmen und zugedeckt 10 Minuten ruhen lassen. Den entstandenen Bratensaft durch ein Sieb streichen, mit dem Wasser oder Wein verdünnen, kurz einkochen lassen, salzen und pfeffern und nach Belieben mit Schlagsahne verfeinern. Die Sauce über den in Scheiben geschnittenen Lammrollbraten gießen. Bratkartoffeln oder Kartoffelgratin eignen sich hervorragend dazu. Weiter kann der Braten mit gedünstetem Gemüse sowie Zucchini, Kartoffeln etc. angerichtet werden.

GESCHMORTER LAMMROLLBRATEN

ZUTATEN

1 Lammrollbraten, ca. 1,5 Kg

etwas Suppengrün

Salz

Olivenöl

Pflanzenöl

1/2 Flasche Rotwein

1/2 Liter Gemüsebrühe

1 EL Tomatenmark

2 Lorbeerblätter

Zuerst den Lammrollbraten gut mit Olivenöl einreiben und salzen. Dann für 1 Stunde ruhen lassen. In der Zwischenzeit das Suppengemüse in gleichmäßige Würfel schneiden und die Backröhre auf 180° Ober-/Unterhitze vorheizen. Den Lammbraten für 1 Minute von allen Seiten scharf anbraten. Aus dem Bräter nehmen und das Gemüse gut anrösten. Das Tomatenmark zugeben und für eine weitere Minute rösten. Anschließend mit dem Rotwein ablöschen, die Suppe zugießen und die Lorbeerblätter hinzufügen. Das Ganze zum Köcheln bringen, dann den Braten in die Sauce geben, den Deckel darauf geben und in die Backröhre. Den Braten nach 1 Stunde wenden und für eine weitere Stunde garen. Zum Schluss die Sauce durch ein feines Sieb passieren und 10 Minuten einkochen. Den Braten aufschneiden und mit Knödel und Speckbohnen servieren.

KRÄUTER-LAMMKEULE

ZUTATEN

1/2 Bund Minze

1 Bund Petersilie

1 Knoblauchzehe

5 EL Oliven

1,2 kg kleine Möhren

1,5 kg ausgelöste Lammkeule zu einem Rollbraten aufschneiden

Salz, Pfeffer

1 Bund Suppengrün (klein)

1 Lorbeerblatt

5 Pimentkörner

1 Stange Porree

Küchengarn zum Binden zur Rolle

Für das Pesto Kräuter waschen, gut trocken schütteln und die Blättchen abzupfen. Knoblauch schälen. Alles mit Öl pürieren. 200 g Möhren schälen, waschen und der Länge nach in Scheiben schneiden. Sehnen vom Fleisch entfernen. Fleisch mit Salz und Pfeffer einreiben. Pesto und Möhren darauf verteilen, aufrollen und mit Küchengarn binden. Backofen vorheizen (E-Herd: 180 °C/Umluft: 160 °C/Gas: siehe Hersteller). Suppengrün putzen bzw. schälen, waschen und grob in Stücke schneiden. Braten, Suppengrün, Lorbeer und Piment in einen großen Bräter geben. 350 ml Wasser angießen. Im heißen Ofen ca. 1 1/2 Stunden schmoren.

Porree putzen, waschen und in ca. 6 cm lange Stücke schneiden. Rest Möhren schälen und waschen. Den Braten aus dem Bräter nehmen. Bratfond samt Suppengrün durch ein Sieb abgießen, Fond auffangen. Porree und Möhren im Bräter verteilen. Braten darauflegen und Fond wieder angießen. Im Ofen ca. 30 Minuten weiterschmoren. Bräter aus dem Ofen nehmen. Braten aufschneiden. Den Fond mit Salz und Pfeffer abschmecken. Braten, Bohnengemüse und Fond anrichten. Dazu schmecken Semmelknödel.

DIE KARLSBADER OSTER –LAMMKEULE 1920

ZUTATEN

1 ½ kg Lammkeule

2 Zwiebeln

2 Zehen Knoblauch

Salz und Pfeffer

Zitronensaft

Nach Bedarf Thymian, Rosmarin, Lorbeerblätter

500 ml Fleischbrühe

50 ml Rotwein

etwas Öl zum Braten

Die Keule waschen und vom Fett weitgehend befreien, mit Salz, Pfeffer und Zitronensaft rund herum einreiben. Dann in Öl von allen Seiten anbraten. Die Zwiebeln und den Knoblauch dazugeben und Farbe nehmen lassen. Mit Fleischbrühe ablöschen, die Kräuter dazugeben und ab damit für zwei Stunden in den Ofen bei 160 °C Ober-/Unterhitze. Zwischendurch immer mal mit Brühe und Rotwein begießen und einmal wenden. Wenn die Keule gar ist, die Soße durch ein Sieb geben, entfetten und evtl. binden. Das Fleisch aufschneiden, in die Soße legen und mit Speckbohnen und Kartoffelklößen servieren.

DAS HANDGESCHRIEBENE KOCHBUCH
DER ALBINE OTTO GEB. KRAFT

(1915-2007)
HAUSWIRTSCHAFTERIN
IN FRANZENSBAD VON 1934-1946

Von Albine Otto gibt es nur wenige Fotos. Auf dem vorstehenden ist sie als angehende Hauswirtschafterin der damals sehr bekannten Kochschule Hedwig Kost Sonneberg zu sehen. Sie ist die Dame ganz links und das Bild entstand 1932 in Sonneberg. In dieser Kochschule wurden Hauswirtschafterinnen mit Schwerpunkt neuzeitliche Küche ausgebildet. Das Institut war deutschlandweit bekannt. Alle Absolventinnen erhielten bestbezahlte Stellen.

Die Kochschule 1932 in Sonneberg

Hedwig Kost (1871-1949), Leiterin der Kochschule in Sonneberg

Albine wurde 1915 als einzige Tochter des bekannten Küchenmeisters Karl Theodor Kraft (1885-1963) und seiner Ehefrau Emilie Kraft geb. Purschel (1889-1946) geboren. Die Familie wohnte in der Louisenstrasse.

Albine Otto besuchte das Franzensbader Lyzeum bis 1929 und bestand dann die Aufnahmeprüfung an der Hedwig Kost-Kochschule in Sonneberg. Von 1930 bis 1934 lebte sie in Sonneberg und lernte auch hier ihren Ehemann Karl Otto (1912-2007) kennen. Dieser arbeitete im Autoparkhotel Sonneberg als Motorenwart.

Ihr Mann Karl Otto bekam eine Stelle in einer Franzensbader Autowerkstatt und beide wohnten ebenfalls in der Louisenstrasse bei ihren Eltern bis zur aller Vertreibung im Jahr 1946. Im Januar 1934 begann Albine Otto eine Anstellung im Haushalt bei Familie Geheimrat Fricke in Franzensbad. Die Familie Fricke war eine über mehrere Generationen hochangesehene Arztfamilie und sehr reich. Ab 1937 war dann Albine Otto die verantwortliche Hausdame und verfügte über zwei Gärtner, eine Wäschebeschließerin und zwei Köchinnen. Für diese hatte sie zwei große Kochbücher geschrieben mit den Lieblingsspeisen der Kinder der Familie Fricke.

1946 musste die Familie Fricke samt ihrem Personal die Villa innerhalb einer Stunde verlassen. Obwohl das Ehepaar Fricke im örtlichen Krankenhaus als Chirurgen ihren oft 14-16 Stunden Dienst versah. Auch zwei der Mädchen arbeiteten dort als Krankenschwestern. Das interessierte aber die künftigen Hausherren nicht. Tschechische Partisanen richteten hier ihre Zentrale für Franzensbad ein. Familie Fricke kam bei Verwandtschaft in Coburg unter.

Später wurde von Anwohnern berichtet, dass im Keller des Hauses bis 1952 gefoltert wurde. Die Schreie der armen Menschen waren in der Straße besonders in der Nacht zu hören. Erst 1993 wurden im Garten der ehemaligen Fricke – Villa mehrere Leichen ausgegraben, alle mit Genickschuss erschossen. Albine Otto, ihre Eltern sowie ihr Mann kamen in Sonneberg bei dessen Verwandtschaft unter. Der Vater arbeitete bis 1962 im Krankenhaus als Koch, die Mutter starb 1946 an einer Lungenentzündung.

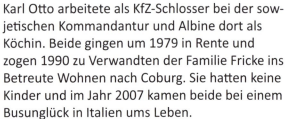

Karl Otto arbeitete als KfZ-Schlosser bei der sowjetischen Kommandantur und Albine dort als Köchin. Beide gingen um 1979 in Rente und zogen 1990 zu Verwandten der Familie Fricke ins Betreute Wohnen nach Coburg. Sie hatten keine Kinder und im Jahr 2007 kamen beide bei einem Busunglück in Italien ums Leben.

Der Neffe von Karl Otto, Herr Danninger aus Sonneberg, gab mir einen Einblick in das Leben von Albine Otto und schenkte mir die beiden handgeschriebenen Kochbücher. Nachfolgend kommen verschiedene Rezepte aus diesem schönen Buch der Erinnerungen. Bei einem Gespräch waren auch die beiden Fricke-Kinder, jetzt schon hochbetagt, dabei und halfen mir, ihre Lieblingsspeisen auszuwählen.

Postkarten aus Franzesbad

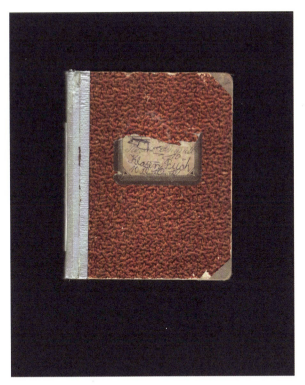
Handgeschriebenes Rezeptbuch von Hedwig Kost

Hedwig Kost im Rentenalter

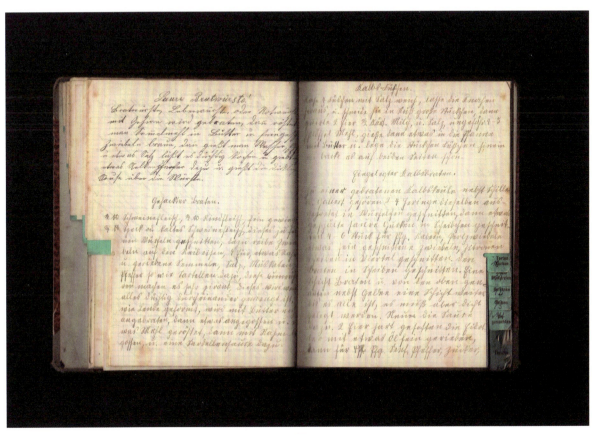

FRANZENSBADER KNÖDEL

ZUTATEN

500 g Magerquark

250 g Sahnequark, für den Teig

500 g Mehl

1 Ei

1 Prise Salz

1 EL Milch, lauwarme

60 kleine Zwetschgen

4 EL Zucker

125 g Butter, zerlassene, zum Übergießen

Zwei Tage vorher den Magerquark in ein Baumwoll-Küchentuch geben, oben zubinden und ca. 10 Minuten in leicht kochendes Wasser halten. Abtropfen lassen, leicht ausdrücken und im Tuch für ca. 48 Stunden an einen luftigen Ort zum Trocknen aufhängen.
Am Essenstag den Teig bereiten: Rahmquark mit Mehl und einer Prise Salz zu einem glatten, festen Teig verkneten. Das Ei und die lauwarme Milch hinzufügen. Pro Person ca. 15 kleine Zwetschgen waschen und gut trockenreiben, damit der Teig daran festhält. Nicht entsteinen! Mit einem Messer kleine Stücke vom Teig abschneiden, plattdrücken und die Zwetschgen damit gleichmäßig ganz dünn umhüllen. Das Lila der Zwetschge soll noch leicht durchschimmern.

Die fertigen Knödel portionsweise in leicht gesalzenes, schwach siedendes Wasser geben. Wenn sie an die Oberfläche steigen, nach ca. 5 Minuten, noch weitere 5 Minuten sanft köcheln lassen, dann herausnehmen. Inzwischen den getrockneten Quark (Reibkäse genannt) aus dem Tuch nehmen und fein reiben. Die Zwetschgen frisch aus dem Topf portionsweise auf Teller geben und aufschneiden, dabei kann man gleich die Kerne entfernen. Dann zuckern, mit dem Reibkäse bestreuen und mit geschmolzener Butter übergießen.

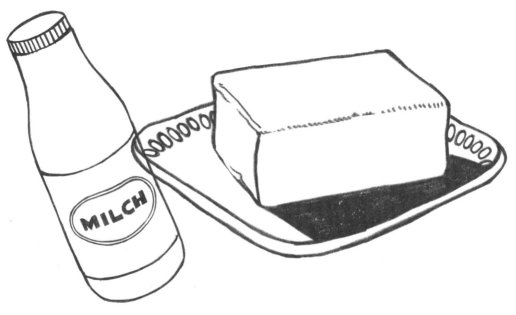

FRANZENSBADER TASCHERL

ZUTATEN

400 g Kartoffeln, mehlig kochende

120 g Mehl

50 g Grieß

80 g Butter

2 Eigelb

2 Eiweiß

2 EL Quark

1 Zitrone, unbehandelt, den Abrieb davon

250 g Pflaumenmus

6 EL Rum

200 g Semmelbrösel

90 g Butter

3 EL Zucker

Zimt, Puderzucker zum Bestreuen

Mehl für die Arbeitsfläche

Salzwasser, leichtes

Die Kartoffeln waschen, schälen, weichkochen und durch die Kartoffelpresse drücken. Etwas abkühlen lassen und dann mit Grieß, Eiern, Mehl, Quark, Zitronenabrieb und Butter mit den Knethaken des Handmixers ca. 3 Minuten zu einem glatten Teig kneten. Inzwischen die Semmelbrösel in der Butter mit dem Zucker gold-braun rösten. Achtung: Gut umrühren, da die Brösel sonst leicht schwarz werden. Das Pflaumenmus mit Zucker, Zimt und evtl. etwas Rum verrühren.

Den Teig auf einer bemehlten Arbeitsfläche dünn ausrollen (immer viel Mehl ausstreuen, da der Teig leicht anklebt). Kreise von ca. 8 cm Durchmesser ausstechen, die Ränder mit Eiweiß bestreichen. In die Mitte der Kreise je einen Teelöffel Pflaumenmus geben. Zur Hälfte einschlagen, sodass kleine Täschchen entstehen. Die Ränder gut zusammendrücken. In leicht gesalzenem Wasser bei schwacher Hitze ca. 7 - 9 Minuten ziehen lassen. Die Tascherln herausnehmen, gut abtropfen lassen und in den Butterbröseln wälzen. Mit Puderzucker bestreut servieren.

FRANZENSBADER KARTOFFEL – KNACKER PLÄTZCHEN AUF TOMATENSOSSE

ZUTATEN

1 ½ kg Kartoffeln

2 Eier

1 ½ EL Salz

150 g Mehl
Mehl für die Arbeitsfläche

125 g Butter zum Ausbacken

2 Knackerwürstchen (scharf)

4 EL Tomatenmark

2 EL Butter

2 EL Mehl

4 EL Wasser

Die Kartoffeln dämpfen, schälen und durch eine Kartoffelpresse drücken, am besten schon am Vorabend, dann kann etwas Feuchtigkeit verdunsten und die Plätzchen werden fester. Die Eier und das Salz in die Kartoffelmasse rühren und so lange Mehl zugeben, bis sich der Teig griffig anfühlt. Die Arbeitsfläche bemehlen, aus dem Teig zwei lange Würste formen und davon Scheiben abschneiden, die zu flachen Plätzchen geformt werden. Dabei immer wieder etwas Mehl auf die Arbeitsfläche geben.

Die Knacker in Scheiben schneiden und in Plätzchen einpacken. Auf jedes Plätzchen ein Butterflöckchen setzen. Nicht zu wenig Butter in einer Pfanne erhitzen (etwas mehr als mittlere Hitze) und die Plätzchen mit dem Butterflöckchen nach oben in die Pfanne legen. Nach einiger Zeit wenden und auf beiden Seiten goldgelb backen.

Tomatensoße: In geschmolzene Butter etwas Mehl einrühren und Tomatenmark zugeben. Wasser hinzufügen, bis die Soße eine schöne Konsistenz hat und aufkochen lassen. Mit je einer Prise Salz und Zucker abschmecken.

FRANZENSBADER KNOBLAUCHSÜPPCHEN

ZUTATEN

8 große Kartoffeln

100g Butter

Salz

4 Knoblauchzehen

1 Liter Wasser

Schnittlauch

Zuerst die Kartoffeln kochen, dann je Suppenteller 1 Zehe Knoblauch klein schneiden und im Teller mit einem Esslöffel und genügend Salz zerreiben (das Salz soll auch die Suppe würzen). Dann die Kartoffeln pellen und je zwei in die Suppenteller legen, evtl. schon leicht zerteilt, einen Klecks Butter oder Schmalz dazugeben und mit heißem Wasser aufgießen. Etwas fein geschnittenen Schnittlauch drüberstreuen und genießen!

GEDECKTER APFELKUCHEN MIT STAUBZUCKER

ZUTATEN

200 g Butter

150 g Zucker

350 g Mehl

3 TL Backpulver

2 Päckchen Vanillezucker

2 Eier

2 Eiweiß und 2 Eigelb zum Bestreichen

2 Prisen Salz

1,5 kg Äpfel

200 g Zucker

2 TL Zimt

Die Butter, Zucker, Ei und Eiweiß, Salz, Mehl mit Backpulver und Vanillezucker zu einem Teig verarbeiten. Etwa 1/3 des Teiges auf den Boden eines gefetteten Backblechs geben und für ca. 10 Min. bei 190 Grad vorbacken.

Die Äpfel schälen, vierteln, würfeln und zusammen mit dem Zimt, und dem Zucker in einem Topf dünsten, so dass die Masse eine schöne braune Farbe annimmt. Die Masse etwas abkühlen lassen und auf den vorgebackenen Boden legen. Aus dem restlichen Teig werden Streifen geformt. Diese sollten etwa 1,5 cm breit sein. Die Teigstreifen auf die Äpfel geben und ein Gittermuster daraus legen.

Nun nur noch den fertigen Kuchen mit etwas Eigelb bestreichen und für ca. 40 bis 45 Minuten bei 200 Grad fertigbacken. Sobald der Kuchen etwas abgekühlt ist, mit Puderzucker bestreuen.

PETER SCHIERL, ERINNERUNGEN AN DIE HEIMAT SEINER VORFAHREN

Peter Schierl (28.9.1943 - 16.12.2021

Postkarte Neuwallisdorf

Die Erinnerung ist der Schatz unserer Seele. Niemand kann uns unsere Vergangenheit und unsere glücklichen Momente nehmen. Niemand nimmt uns die Kraft, die wir aus der Erinnerung schöpfen.

Herrn Peter Schierl lernte ich vor sieben Jahren in der Druckerei seiner Tochter Sylvi Schierl, bei der ich mehrere Buchprojekte verwirklichen konnte, kennen.

Hier half der rüstige Rentner, wo er gebraucht wurde. Rasch freundeten wir uns an und er erzählte mir viel über seine sudetendeutsche Heimat. Damals hatte ich schon zwei Bücher zu sudetendeutschen Familiengeschichten und Kochrezepte für den Buchverlag für die Frau zu Leipzig geschrieben und konnte also mitreden über Orte, die es noch gibt und die es nicht mehr gibt.

Schon damals bat ich ihn, über seine einzigartigen Vorfahren und deren Verwandtschaft zu schreiben. Er winkte ab und meinte immer, die Zeit kommt noch. Leider kam für ihn die unendliche Zeit bevor und er ist seiner lieben Frau gefolgt. Nun haben wir, Sylvi, sein Sohn Ricky und ich, uns die Arbeit gemacht, die vielen Fotos zu sortieren und beide stellten sich mit viel Geduld meinen Fragen.

Die Familie und die Vorfahren des Peter Schierl lebten seit Jahrhunderten in Neuwallisdorf. Der Ort Neuwallisdorf (495 m) liegt an der Südgrenze des Bezirkes und bildet mit Wallisgrün eine Gemeinde. Die Entfernung der einander am nächsten liegenden Häuser beider Orte beträgt 150 m, die Entfernung von Podersam 30 km und von Jechnitz 9 km. Neuwallisdorf zählt 43 Hausnummern und 257 Einwohner. Dazu gehören auch 6 Nummern der etwa 400 m weiter nordöstlich liegenden ehemaligen „Bleiche".

Auf einer Hochebene gelegen, ist das Klima meist rau und unwirtlich; die ringsum liegenden Waldungen und das vorzügliche, dem Granituntergrund entquellende Wasser gestalten es jedoch zu einem Gesunden.

Ein aus der Nachbargemeinde Welhotten kommendes Bächlein, die Jawornice, durchzieht die Wiesenfluren des Ortsgebietes und wird hier durch zwei Quellen verstärkt, die je einen kleinen zur Fischzucht genutzten Teich bilden. In einer Holzrinne gelangt ein Teil auf die „Bleiche"; hier wird es in einem kleinen Teich gesammelt und fließt durch mehrfach verzweigte Gräben auf eine von einer Mauer umgebene Wiese, die frühere „Bleiche". Als die Flachsbereitung und Leinenerzeugung noch Hausindustrie war (zu Ende der 1870er Jahre hörte dies gänzlich auf), wurde aus weiter Umgebung die Leinwand hierher (Haus Nr. 32) gebracht und gebleicht.

Plan Wallisgrün

VORFAHREN

Die Urgroßeltern hießen Franz Plass (1873-1917), gefallen in Albanien und Sophie Amalia Plass geb. Weigl (1873-1947).

Trauung Plass Weigl 1897

DIE GROSSELTERN
Emil Oskar Schierl, der Gastwirt (1888 – 1962) und Sophie Schierl geb. Plass (1896 – 1974)

Opa Emil Oskar Schierl

Rosa Schierl

DIE ELTERN
Emil Schierl (1916-1982), Friseur und Rosa (genannt Rosel) geb. Worofka (1922-1996)

Von Sophie, die als Köchin im Gasthof Neuwallisdorf arbeitete, stammt das alte handgeschriebene Familienkochbuch, welches ihre Urenkelin Sylvi Schierl heute noch immer in Gebrauch hat. Die folgenden Rezepte sind aus diesem Buch. Sylvi Schierl erzählte, dass das die Lieblingsspeisen ihres Vaters waren.

In ihrer Jugend war Rosa Hausmädchen bei Verwandten, und zwar der Familie Martin in deren Villa „Fritzi". Familie Martin waren die Erfinder der Karlsbader Oblatenherstellung.

Peter Schierl mit Mutter

Peter mit Mutter Rosa

Villa Fritzi Aussig

SYLVI SCHIERL ERZÄHLT ÜBER DIE FAMILIE MARTIN

Für die Familie Martin brach nach deren Vertreibung 1946 keine gute Zeit an. Um 1947 wollten sie sich in Eisenach wieder eine Zukunft aufbauen.

Die Eisenacher Oblatenfabrik Martin wurde nach 1950 mit einem Ladenlokal in der Eisenacher Marienstraße ansässig. Der Firmengründer brachte als Heimatvertriebener aus dem Böhmischen die erforderlichen Rezepturen und Oblatenbackformen mit. Außerdem stellte die Firma Martin Waffeln, Gebäck und Paniermehl her.

Die elektrisch beheizten Oblatenbackformen der Firma Martin wurden in Eisenach als modifizierte Karlsbader Modelle nachgefertigt. Sie zeigten noch das klassische Karlsbader Brunnenmotiv im Zentrum und den Firmennamen „Martin". Als Reaktion auf Beschwerden anderer deutscher Oblatenhersteller wandelte die Eisenacher Oblatenfabrik ihr Backmodell ab - es zeigte nun in stark vereinfachter Zeichnung die Wartburg auf der Schauseite und das Eisenacher Stadtwappen auf der Rückseite. Statt «Karlsbader Oblaten» wurde nun der Schriftzug «Eisenacher Oblaten» benutzt. Mit dieser optischen Veränderung konnte die Fabrikation bis in die 1970er Jahre fortgesetzt werden.

Als Folge der staatlich verordneten Rationierung von Mehl, Eiern, Zucker und Milch musste die Firma Martin Abwandlungen der Grundrezeptur vornehmen, die sich auch auf die Qualität der Oblaten auswirkte. Die dadurch erhöhte Ausschußquote bei der Herstellung führte den Firmengründer schließlich zur „Erfindung" der „Eisenacher Ecke". Die beiden mittleren Oblaten wurden aus sonst unverkäuflichen Oblaten gewonnen, indem die mangelhaften Oblaten vollständig und blickdicht mit Creme und Schokoladen-überzug verdeckt wurden.

Das Ladenlokal der Firma Martin in der Eisenacher Innenstadt

Die „Eisenacher Ecke" entwickelte sich in den 1950er Jahren zu einem wichtigen Hauptprodukt der Firma.

Als sich in Eisenach eine staatlich geleitete Großbäckerei ansiedelte, „übernahm" diese die Oblatenfabrikation. Der Firmeninhaber Martin wurde enteignet und ins Gefängnis gesteckt. Die Umstände und das weitere Schicksal des Firmengründers sind unbekannt, so die offizielle Darstellung der DDR-Obrigkeit damals. Sylvi Schirl erzählte mir, dass die Familie in den Westen ausreisen konnte. Noch in den 1980er Jahren wurden in der Eisenacher Herrenmühlstraße

Eisenacher Oblatenfabrikation

Waffeln, Oblaten und Gebäck hergestellt. Die „Eisenacher Ecken" wurden nun durch eine modifizierte Form - beim Schnitt entstanden nun acht statt vier Teile – ersetzt.

Eisenacher Einwohner berichteten, dass Vertriebene aus dem Bäderdreieck der Tschechoslowakei das Rezept nach Eisenach gebracht hätten, aber aus irgendwelchen Gründen den Begriff Karlsbader Oblaten nicht verwenden durften, denn Karlsbad hieß nun Karlovy Vary und Marienbad nannte man nur noch Marianske Lazne.

DIE VERTREIBUNG AUS DER HEIMAT UND DER NEUANFANG IN THÜRINGEN

Die Familie Schierl und sämtliche deutsche Einwohner von Neuwallisdorf wurden im August 1946 aus den Häusern und Gehöften geholt, in Wagons verfrachtet und in den Osten Deutschlands über mehrtägige Umwege gefahren. Alle hatten nur das Notwendigste bei sich und Rosel Schierl mit ihrem damals dreijährigen Peter litt oft Todesangst. Die Soldaten der Roten Armee waren nicht sehr freundlich gesinnt gegen die deutsche Bevölkerung. Noch schlimmer wüteten allerdings die tschechischen Partisanen gegen die deutschstämmige Bevölkerung.
Was früher Freund war, war auf einmal der Feind, den es umzubringen galt.

Ende August 1946 kamen sie in Suhl im Auffanglager unter. Nach Entlausung und Registrierung verteilte man die Menschen in verschiedene Thüringer Orte. Rosel Schierl kam mit ihrem Sohn Peter und ihren Eltern nach Schüptitz bei Weida. Hier bekamen sie im Ort verteilt

In den Jahren 1950 und 1952 kamen noch Peters Schwestern Liane und Evelyne zur Welt.

kleine Zimmer bei Bauern. Rosel und Peter kamen bei Familie Schumann unter. Erst 1947 war das Glück der Familie Schierl wieder vollkommen. Peters Vater kam aus der Gefangenschaft heim. Eine Vorsehung hatte ihm das Leben gerettet. Er war in England auf der Insel Jersey im Gefangenlager und verpasste wegen eines Pokerspiels den Transport in die Heimat. Genau aber dieses Transportschiff lief auf eine Miene und viele Menschen starben dabei. Peters Vater konnte das nächste Schiff nehmen und kam mit seinem Pokergewinn zu Hause bei der Familie an.

Zunächst arbeitete Peters Vater als Friseur und später im Steinbruch Loitsch bei Steinsdorf. Die Mutter arbeitete zunächst im Dorfkonsum und dann als Spinnereifacharbeiterin in Weida. 1961 konnten Peters Eltern einen Bauernhof in Schüptitz kaufen und ausbauen. Das ist der heutige Familiensitz von Sylvi Schierl nebst Ehemann Gunnar Raffke und Tochter Rebecca.

Das Ehepaar Peter und Ingrid Schierl 1964

Peter Schierl, als wilder Rockn-Roll-Tänzer weithin bekannt, lernte 1962 Ingrid Wittke (1943-2011) aus Dörtendorf beim Dorftanz im „Thüringer Hof" in Hohenleuben kennen. 1963 heirateten beide und bekamen drei Kinder, 1964 Ronny Schierl, 1968 Sylvi Schierl und 1970 Ricky Schierl.

Sylvi und Ricky arbeiten in der Druckerei Raffke und Ronny betreibt eine eigene Physiotherapiepraxis.

Mehrmals fuhr Peter Schierl mit den Kindern und Enkeltochter in die Heimat seiner Vorfahren.

Peter mit seiner Tochter Sylvi

Sie unternahmen viele Ausflüge nach Aussig (Ústí nad Labem), dem Geburts- und Heimatort bis zum 3. Lebensjahr von Peter Schierl.
Traurig wurden sie immer wieder an die Gräueltaten, die unter dem damaligen Regierungschef Beneš an den Sudetendeutschen begangen wurden, erinnert. Sie standen auf der Brücke, die eine traurige Berühmtheit erlangt hat. Mit den sogenannten Beneš-Dekreten legitimierte die damalige Tschechoslowakei die Vertreibung der Sudetendeutschen nach dem Zweiten Weltkrieg. Ein Exodus von drei Millionen Menschen begann, begleitet von Rache, Willkür und Gewalt. Von eben jener Brücke wurden Mitmenschen mit derben Stricken zusammen gebunden in den Fluß gestossen und ertränkt.

Zum Schluß jeder Reise in Vaters Vergangenheit fuhren sie nach Velká Chmelištná, ehemals Groß Chmeleschen, um auf dem Grab seiner Verwandten Blumen abzulegen. Man sollte immer um seine Wurzeln wissen, aus diesem Grunde werden die Geschwister Schierl diese Tradition bewahren. Ihre nächste Aufgabe ist die Beschaffung von Informationen aus dem Prager Kirchenamt über die Grabstelle des Großvaters von Peter Schierl. Falls sie dieses Grab finden sollten, bedeutet das eine weitere Rückkehr zu alten Wurzeln.

Der Friedhof Velká Chmelištná, ehemals Groß Chmeleschen

NEUWALLISDORFER LIWANZEN

ZUTATEN

10 g Butter

10 g Hefe

160 ml Milch, lauwarm

120 g Mehl

1 Ei

½ Vanilleschote

½ TL Zitrone(n) - Schale, abgerieben

15 g Zucker

1 Prise Salz

80 g Butterschmalz

8 TL Pflaumenmus

1 Becher Crème fraîche

80 g Butterschmalz

4 EL Puderzucker

1 TL Zimt

Hefe in der Milch auflösen und mit dem gesiebten Mehl glattrühren. Butter in einem kleinen Topf schmelzen, das Ei inzwischen trennen. Eigelb, Butter, Vanillemark, Zitronenschale unter die Mehl-Milch-Hefe-Mischung rühren. Den Teig zugedeckt ca. 1 Stunde bei Zimmertemperatur gehen lassen.
Dann Eiweiß mit Zucker und Salz steif schlagen und unter den Teig heben. Backofen auf 200° C vorheizen. In einer Pfanne das Butterschmalz erhitzen und je ein Viertel vom Teig hineingeben. Wenn die Liwanzen von unten goldbraun sind, mit einem Heber wenden und im Backofen in 5 Minuten fertig backen. Puderzucker und Zimt mischen.

Die Liwanzen mit je 1 TL Pflaumenmus und Crème fraîche bestreichen und leicht mit Zimtpuderzucker bestäubt servieren.

PFLAUMENKNÖDEL NACH NEUWALLISDORFER ART

ZUTATEN

750 g Kartoffeln - mehlig

2 Eier

Salz 1 Prise

300 g Mehl - eventuell mehr

32 Zwetschgen

50 g Butter

etwas Zucker zum Bestreuen

Für die Soße:

100 g Magerquark

100 ml Milch

2 El. Zucker

angeröstetes Semmelmehr zum Bestreuen der Knödel

Die Kartoffeln schon am Vorabend schälen und mit wenig Salz 20 Minuten garen, abgießen und sofort durch die Kartoffelpresse quetschen. Über die heißen Kartoffeln ein sauberes Küchentuch legen und dann bis zum nächsten Morgen an einen kühlen Ort stellen.

Die Eier, eine Prise Salz und das Mehl unter die Kartoffeln arbeiten. Wenn der Teig noch zu sehr klebt, etwas mehr Mehl hineinkneten. Den glatten Teig noch etwa 10 Minuten ruhen lassen. In dieser Zeit die Zwetschgen waschen und entkernen. Den Kloßteig in 32 Stücke teilen, in jedes Teil eine Pflaume geben, festdrücken und zu einem schönen runden Kloß rollen. Dabei mit den Händen immer wieder in etwas Mehl greifen. Die Klöße in leicht gesalzenem Wasser etwa 15 bis 20 Minuten garziehen lassen, dabei den Deckel nur halb auf den Topf setzen. In dieser Zeit die Butter ausbraten. Die Klöße nach der Garzeit kurz mit kaltem Wasser abschrecken. Mit einer Schaumkelle in eine Schüssel heben. Auf dem Teller werden sie einmal angeschnitten, mit einem Löffel Butter beträufelt und nach Belieben kann etwas Zucker in die Mitte gegeben werden.
Aus Milch, Quark und Zucker eine Soße kalt verrühren und auf die Teller geben. Darauf die Pflaumenknödel setzen. In der heißen Backröhre wird das Semmelmehl unter häufigem Umrühren ohne Zugabe von Butter gebräunt. Mit dem gebräunten Semmelmehl bestreuen.

SCHINKENFLECKERL
NACH NEUWALLISDORFER ART

ZUTATEN

400 g Nudeln, breite Art

200 g Schinken

2 Zwiebeln

2 EL Schmalz oder Öl

1 Bund Petersilie

1 TL Salz

2 TL Salz für das Nudelwasser

2 Prise Pfeffer

Die Nudeln weichkochen und abseihen. Zwiebeln schälen und würfelig schneiden, Schinken klein würfeln und Petersilie hacken. Das Schmalz in einer großen Pfanne erhitzen, Zwiebelwürfel darin goldbraun anbraten, Schinken und Petersilie hinzufügen. Gut durchrösten, Nudeln zugeben, würzen und noch einmal kräftig durchrösten. Die „Schinkenfleckerl" noch heiß servieren.

BUCHTELN NACH FAMILIE SCHIERL

ZUTATEN

375 g Weizenmehl

1 Würfel frische Hefe

120 ml Milch lauwarm

1 Teelöffel Zucker

75 g Butter weich

60 g Zucker

2 Eier

1 Prise Salz

1/4 Teelöffel abgeriebene Zitronenschale optional

Buchteln sind ein flaumiges Hefegebäck, das warm aus dem Ofen serviert wird. Klassisch isst man Hefebuchteln mit Vanillesoße. In der Familie Schierl werden auch heute noch die Buchteln mit Dillsoße, Meerrettichsoße, Schwammerl- (Pilze) Soße oder kalter Gurkensoße gern verzehrt.

Die Hefe in eine Tasse mit der lauwarmen Milch bröckeln.
Einen Teelöffel Zucker dazugeben und mit einem Löffel rühren, bis sie sich aufgelöst hat. Das Mehl in eine Schüssel geben und in die Mitte eine Mulde drücken. Die lauwarme Hefe-Milch-Mischung in die Mulde gießen. Mit etwas Mehl vom Rand vermischen und an einem warmen Ort 10 Minuten stehen lassen.

Die Eier, weiche Butter, den restlichen Zucker und Salz hinzugeben und alles vermischen. Den Teig mit der Hand einige Minuten kneten.
Die Schüssel mit einem Tuch bedecken und den Teig an einem warmen Ort ca. 45 Minuten gehen lassen. Eine Backform (ca. 20x20 cm, alternativ Springform oder Kastenform) mit Butter ausstreichen und etwas Zucker ausstreuen. Teig auf einer bemehlten Arbeitsfläche zu zwei langen Strängen formen. Je 6 Stücke abschneiden und die 12 Teigportionen mit den Händen zu Kugeln formen. Mit etwas Abstand zueinander in die Form setzen. Noch einmal abdecken und mindestens 20 Minuten gehen lassen. Backofen auf 180 Grad Ober- und Unterhitze vorheizen. Die Buchteln 20-25 Minuten hellbraun backen.

GURKENSOSSE A´LA SYLVI SCHIERL

ZUTATEN

2 Stk. Feldgurken, mittelgroß

0.5 Stk. Zitrone, Saft

200 g Joghurt, fettarm

0.5 Bund Petersilie

0.5 Bund Dill

200 ml Gemüsebrühe

1 Prise Salz

1 Prise Pfeffer, frisch

Für die kalte Gurkensoße die Gurken waschen und die Enden abschneiden. Die Gurken der Länge nach vierteln und die Kerne mit Hilfe eines Löffels entfernen. Gurkenstücke in grobe Stücke schneiden. Einige Gurkenstücke beiseitestellen.

Petersilie und Dill waschen, sehr fein hacken und in eine Schüssel geben. Zwei Esslöffel Kräuter beiseitestellen. Die Gurkenstücke, Joghurt und Gemüsebrühe ebenfalls in die Schüssel mit den Kräutern geben. Alles mit einem Pürierstab fein pürieren. Die Gurkensoße mit Salz und Pfeffer abschmecken und mit einem Schuss Zitronensaft verfeinern. Die übrigen Gurkenstücke zufügen. Für ca. 40 Minuten in den Kühlschrank stellen.

Die kalte Gurkensoße in ein ausgewähltes Gefäß geben, mit den übrigen gehackten Kräutern garnieren und über die Buchteln gießen.

DIE REISE DER ENKELTOCHTER AN DIE WIRKUNGSSTÄTTEN DER VORFAHREN

EIN BERICHT VON SYLVI SCHIERL

Die Idee dazu kam von unserer Tochter Rebecca. Sie wollte noch einmal die kleinen Dörfer unserer Ahnen besuchen, was mich sehr gefreut hat.

Also fuhren wir Ende Juli nach Karlsbad ins hübsche Hotel Hubertus.

Von hier aus unternahmen wir unsere Ausflüge nach Neuwallisdorf/Wallisgrün, nahe Jechnitz. Neuwallisdorf mit Wallisgrün liegen an der Sprachgrenze deutsch/tschechisch und verraten schon durch die Ortsnamen eine Verwandtschaft. Es gab im Bezirk kaum weitere Orte, an denen es so viel Blutsverwandtschaft und so viel Gleiches im Volkscharakter gab, gleichzeitig aber so viel Verschiedenes in den Lebensgewohnheiten gegenüber den Nachbargemeinden.

Nettigkeit und Sauberkeit in den Wohnungen traf man überall, ebenso Fenstervorhänge sowie schöne Blumen zierten auch das kleinste Häuschen.

Im Sommer waren wenig Männer daheim. Fast alle betriebenen Handelsgeschäfte in Sachsen oder anderen Teilen des deutschen Reiches. Sie kehrten erst gegen den Winter zurück.

Leider stehen viele Häuser unserer Familie nicht mehr. Die Vertreibung von 3 Millionen Sudetendeutschen gegenüber der Neuansiedlung von etwas über 1 Million Tschechen, Slowaken u.a. diente somit nicht der Erhaltung vieler der alten Höfe und Häuser. Meine Familie lebte schon seit dem 14. Jahrhundert in dieser

Hier stand das Haus der Familie Schierl, heute grüne Wiese

Gegend, die Familie Schierl kam aus dem Inneren von Österreich, woher genau weiß ich leider noch nicht. Doch die frühe Ansiedlung hier ist durch alte Kirchenbücher belegt.

In Neuwallisdorf hatte mein Urgroßvater Emil Oskar Schierl, geb. 12.02.1888, ein Haus. Dessen Vater Johann wohnte auch schon hier. Mein Großvater Emil Siegmund Schierl wurde auch hier geboren, am 3. November 1916. Mein Urgroßvater heiratete am 5.9.1916 Sophie Plass. (also kurz vor knapp könnte man sagen, gerade noch rechtzeitig, dass mein Großvater legitimiert war, sehr wichtig in dieser Zeit).

Sophie Plass war die Tochter des Gasthausbesitzers Klement Plass in Wallisgrün. Ihr Bruder Alfred übernahm später das Gasthaus. Dazu später mehr. Wie ich eingangs schon erwähnte, steht das Elternhaus meines Vaters nicht mehr. An der Stelle zu stehen, wo es sich einst befand, ließ mir die Tränen in die Augen steigen. Nichts ist geblieben von dem, was sich Generationen vorher durch Fleiß, Entbehrungen, viel Arbeit und Schweiß aufgebaut haben. Als die Vertreibungen nach dem 2. Weltkrieg anfingen, war mein Großvater Emil in Kriegsgefangenschaft in England auf der Insel Jersey.

Urgroßvater Emil Oskar, seine Frau Sophie, meine Großmutter Rosa mit ihrem kleinen Sohn Peter, damals fast 3 Jahre alt, mussten im August 1946 ihr Haus und Hof verlassen, Hab und Gut musste abgegeben werden. Sie hatten nur ein paar Stunden Zeit zu packen, dazu musste das Haus gründlich gesäubert und die Betten mussten frisch bezogen werden, die Tiere nochmals gefüttert.

Der Hausschlüssel musste zusammen mit den Sparkassenbüchern, Wertgegenständen, Schmuck und dergleichen den tschechischen Behörden übergeben werden.

Ich stand da und fragte mich, was sie wohl eingepackt haben mochten. 50 kg pro Person war nicht viel, 1 x Federbett pro Person und Bekleidung, ein paar Fotos, Erinnerungsstücke. Ich konnte die Verzweiflung, den Schmerz und die Tränen förmlich fühlen. Alles verlassen zu müssen, weg in eine ungewisse Zukunft, der Ehemann in Gefangenschaft, der seine Heimat nie wieder gesehen hat, ein kleines Kind an der Hand, wo wird man wohl enden?

Nach zwei langen Wochen im Sammellager unter fast unmenschlichen Bedingungen ging es dann Ende August 1946 im Viehwagon Richtung Deutschland, zuerst nach Suhl ins Erstaufnahmelager, dann nach Schüptitz. Immerhin war die Familie zusammengeblieben, mein Opa Emil kam dann 1947 auch aus der Gefangenschaft nach Hause, ins neue Zuhause nach Schüptitz.

Nun noch etwas zum Gasthaus Plass in der Nachbargemeinde Wallisgrün, welches noch mehr schlecht als recht erhalten ist. Wie schon erwähnt, gehörte es meinem Ur-Urgroßvater Klement Plass. Das Gasthaus hatte einen kleinen Tanzsaal und eine Kegelbahn. Hier ein Auszug aus dem Buch „Heimatkreis Podersam-Jechnitz in Bildern":

Gasthaus Plass 1930.

Das Volksleben in Wallisgrün war dem in Neuwallisdorf völlig gleich. Bei Musik und Tanz versammelten sich in den Gasthäusern von Alfred Plass und Julius Fleissner Junge und Alte aus der näheren Umgebung. Niemand focht in diesen Momenten hier eine Sorge an; man freute sich des Augenblickes. „Verweile doch, du bist so schön"-müsste hier ein Doktor Faustus ausgerufen haben."

Eine Gruppe illustrer Herren aus Wallisgrün und Umgebung 1920.

Emil Oskar Schierl, obere Reihe, zweiter von rechts.

Emil Oskar Schierl, obere Reihe, zweiter von rechts.

DAS FAZIT DER REISE

TOCHTER REBECCA MEINTE, ES WAR SEHR SCHÖN – DIE VERGANGENHEIT MEINER FAMILIE GEHÖRT AUCH MIT ZU MEINEM HEUTIGEN

(Bilder aus dem Buch „Heimatkreis Podersam - Jechnitz in Bildern", Verlag Helmut Preußler Nürnberg)

DER EGERLÄNDER RUDOLF ALBERT HALBRITTER – DER „RUDI"

Durch die Vermittlung der Facebook-Freundin Katy Krannich lernte ich den Egerländer Rudi kennen. Er besuchte mich mit viel Material in Sonneberg und ich ahnte sofort, hier wird ein umfangreiches Kapitel für dieses schöne Buch entstehen.

ZUR BESIEDELUNGSGESCHICHTE

Wer war zuerst da? Die Deutschen oder die Tschechen? War das Gebiet immer schon deutsch? Solche Fragen beschäftigen seit mehreren Generationen die Menschen, die eine Beziehung dorthin haben.

Deutsch im Sinne von „zu Deutschland gehörig" war das Gebiet die allerwenigste Zeit, nämlich vom Einmarsch der Hitlertruppen 1938 bis zum Ende des Zweiten Weltkriegs 1945, „deutschsprachig" dagegen über einen sehr langen Zeitraum.

Niemand zweifelt daran, dass Egerland seit dem frühen Mittelalter zu Böhmen gehörte. Wenn einmal von einer „Verpfändung" des Egerlands aus dem Deutschen Reich an die böhmische Krone die Rede ist, so betrifft dieser Vorgang des Jahres 1322 die bis dahin reichsunmittelbare Stadt Eger und ihr engeres Umland, nicht jedoch den Raum zwischen Tepl und Pilsen. Es ist ein hügeliges Land, das Grenzgebiet zwischen Bayern und Böhmen, mit Wäldern und Sümpfen, unberührt von der landwirtschaftlichen Erschließung. Für die frühmittelalterlichen Landbewohner war dort zu leben noch nicht erstrebenswert. Sie bevorzugten siedlungsgünstige waldfreie oder waldarme Lagen in Wassernähe, so etwa das Pilsener Becken auf böhmischer oder den Flusslauf und das Quellgebiet der Naab auf bayerischer Seite. Auf den fruchtbaren Wiesen dort war das Vieh leichter zu hüten und für den Ackerbau musste man keine Waldflächen roden.

Das änderte sich im Hochmittelalter, etwa ab dem 12. Jahrhundert. Damals entstand ein gewisser Siedlungsdruck. Die Bevölkerung hatte sich von Generation zu Generation vermehrt und

Der Egerländer Rudolf-Albert Halbritter – der Rudi am 10.02.2023 in Sonneberg mit sehr viel Material

nicht jeder Bauernsohn konnte einen väterlichen Hof übernehmen. Eine anwachsende Bewohnerschaft erforderte auch eine Vermehrung des Nahrungsangebots, doch bei den damaligen Anbaumethoden mit der sogenannten Zweifelderwirtschaft – ein Jahr landwirtschaftlicher Anbau mit Getreide, im folgenden Jahr Brachland mit Beweidung – fielen die Ernten regelmäßig zu gering aus. Man musste also versuchen, neue Anbauflächen zu erschließen. So entstand schrittweise ein Netz von Erweiterungen der Anfangssiedlungen hinein in die Wälder der Umgebung. Man spricht in diesem Fall von Ausbausiedlungen.

Ein Bauer war selten frei in seinen Entscheidungen und das Land, das er bebaute, gehörte in der Regel nicht ihm, sondern einem adeligen oder klösterlichen Grundherrn. Von deren Willen, Erlaubnis oder Auftrag hing es ab, ob irgendwo ein neues Anwesen errichtet oder ein neues Feld bebaut werden durfte.

Und über diesen Grundherren stand der Landesherr, von dem die Grundherren ihre Ländereien zu Lehen erhalten hatten. Diese Verhältnisse galten für Böhmen genauso wie für das Deutsche Reich des Mittelalters. Es waren aber nicht nur die Söhne der Bauern, die mit Erlaubnis der Grundherren mit ihren Familien auszogen, um in die Wälder vorzudringen. Der Bedarf an Siedlern war im Hochmittelalter groß und die Bauern westlich des Grenzwaldes verwendeten Pflüge mit anderer Bauweise, mit denen eine Urbachmachung der Wälder leichter und effektiver vonstattenging.

So kam es, dass „Kolonisten" aus dem westlich gelegenen Herzogtum Bayern regelrecht ins Land gerufen wurden, um die Erschließung voranzutreiben und zu unterstützen, mit ihnen Handwerker, Bergleute, Händler und andere. Voraussetzung war, dass diese Leute von ihren Grundherren freigegeben wurden und gleichzeitig abwanderungswillig waren. Letzteres waren sie, denn auch in ihren Herkunftsorten herrschte Bevölkerungsdruck und in den jungen Menschen der Wunsch nach eigenem Haus und Hof. Oft erhielten die neuen Siedler steuerliche Vergünstigungen in Form von Abgabenbefreiungen für die ersten Jahre der Siedlungsgründung in den Wäldern. Die Neuankömmlinge wurden in der Regel den Klöstern der Umgebung wie beispielsweise Waldsassen, Tepl (der Heimat der Vorfahren von Familie Halbritter) Manetin, Plaß oder Kladrau als Untertanen unterstellt. Diese Klöster waren die Unternehmer – man nennt sie „Lokatoren" - unter deren Anleitung der Landesausbau vorangetrieben wurde. Zu beachten ist dabei, dass die genannten Klöster selbst Gründungen im 12. Jahrhundert sind:

1115
Benediktinerkloster Kladrau

1133
Zisterzienserkloster Waldsassen

1146
Zisterzienserkloster Plaß

1187
Kommende des Johanniterordens in Manetin

1193
Stift Tepl

Stift Tepl.

Stift Tepl

Im 13. Jahrhundert entstanden Ortsnamen mit slawischer Herkunft: Krips, Böhmisch Domaschlag, Kahudowa, Kokaschitz, Pollschitz, Saduba, Krasikow (das ab 1254 „Schwanberg" genannt wurde), Unterjamny, Weseritz und Oleschowitz bei Neumarkt (das ab 1632 „Hangendorf" hieß). Hier befand sich das Bauerngut Halbritter. Der nächste Ort war Neumarkt (Erstnennung 1233 als Uteri).

Im 12. Jahrhundert ist in den schriftlichen Quellen kein Ortsname in deutscher Sprache bekannt. Das änderte sich erst im 13. Jahrhundert durch Zuzug aus dem Westen.

Bis ins 15. Jahrhundert kommt eine große Zahl neuer Ortsnamen hinzu, sie betreffen die größeren Siedlungen, weniger die kleinen Weiler, Einöden und Mühlen. Auffällig ist die große Zahl von Ortsnamen slawischer Herkunft gegenüber der Minderheit deutschsprachiger Ortsnamen, aber schon im 14. Jahrhundert beginnen die Eindeutschungen der slawischen Namen.

Ende des 14., vermehrt aber zwischen dem 15. und 17. Jahrhundert, stagniert die Entwicklung des Landesausbaus.

Im Jahr 1391 verlor das damalige Dorf Neumarkt alle seine Bewohner durch die Pest, sodass der Abt des Klosters Tepl, in dessen Besitz sich der Ort befand, um deutsche Kolonisten warben, damit das Dorf wieder bevölkert werden konnte.

Ab 1420 suchten die Hussitenkriege die Gegend heim, sie brachten schwere Verwüstungen ins Land. Bruck, Fallstein, Langenradisch und Schwanberg wurden zerstört, Neumarkt und die Dörfer ringsum stark geschädigt. Im 16. und 17. Jahrhundert rafften wieder Seuchen und Epidemien einen Großteil der Bevölkerung dahin und schließlich sorgten die Wirren der Reformationszeit, insbesondere der Dreißigjährige Krieg von 1618 bis 1648 für einen starken Rückgang der Bevölkerungszahlen.

Es wundert auch nicht, dass in der Folgezeit fast nur noch deutschsprachige Siedlungen entstanden: hauptsächlich Mühlen und andere Gewerbebetriebe in einzelnstehenden Anwesen.

Die alten Ortschaften wurden mit neuen Bewohnern wieder aufgefüllt, einige wurden nicht mehr als Wohnstätten verwendet und sind abgegangen.

Mit den Siedlern kam ihre Sprache ins Land, hier die sogenannte nordbaierische Mundart der deutschsprachigen Bewohner. Bis auf wenige Wörter, die im Egerland verwendet wurden und in der Oberpfalz nicht – oder umgekehrt -, ist die Sprache der Egerländer identisch mit der, der alteingesessenen Bewohner des heutigen Landkreises Tirschenreuth.

Eine große Zahl von Familiennamen innerhalb der deutschsprachigen Bevölkerung beweist die friedliche Vermischung zwischen Tschechen und Einwohnern deutscher Zunge im Lauf der Jahrhunderte, ohne dass es dabei zu gewaltsamen Auseinandersetzungen gekommen ist, ausgenommen die Hussitenkriege.

Diese waren zwar in erster Linie religiös bedingt, bekamen aber einen „nationalen" Charakter durch die Tatsache, dass sich hauptsächlich Tschechen der auf Jan Hus zurückgehenden Bewegung anschlossen, die anderssprachigen Bevölkerungsteile Böhmens aber nicht.

Im Gegenteil: Die zahlreichen Eheschließungen zwischen Tschechen und Deutschböhmen zeugen von einem guten Zusammenleben, hier wie in anderen Landesteilen.

Deutsch wurde zur fast alleinigen Sprache bis zur Vertreibung in den Jahren 1945 und 1946. Nach dem Zweiten Weltkrieg änderten sich mit der Vertreibung der deutschsprachigen Bewohner die Sprachverhältnisse grundlegend. Die wenigen verblieben „Restdeutschen" durften ihre Muttersprache nicht weiterverwenden. Ihre Kinder wurden in den Schulen tschechisch ausgebildet. Dazu kamen Neusiedler aus anderen Landesteilen Böhmens und anderen Ländern, ein Teil von ihnen waren und sind Nachfahren von Protestanten, die während des Dreißigjährigen Krieges aus Glaubensgründen ausgewandert waren.

Anfang 2023 besuchte mich Herr Rudi Halbritter. Dieser sympathische Mann begann schnell ohne Umschweife an zu erzählen:

Die Vertreibung am 10. August 1946 erlebte er als 8 Wochen altes Baby im Kinderwagen auf dem Leiterwagen. Seine Familie waren die letzten Halbritters, die die Heimat verlassen konnten. Es war wegen seiner Mutter und ihm. Sie sollten erst beide wieder zu Kräften kommen. Das erwies sich als Nachteil, weil die anderen vorher vertriebenen Familienmitglieder in Bayern ihre neue Heimat finden konnten. Jetzt wurde nur noch in die damals sowjetische Besatzungszone vertrieben. Eine Episode wird sich immer noch heute erzählt: Sie hatten den Nuckel vom Rudi vergessen und die Mutter lief noch einmal zurück. Es war ja nur pro Person eine geringe Kilo Zahl der Mitnahme gestattet und unter Strafandrohung war angeordnet, das Haus bzw. Anwesen in einem unsauberen Zustand zu verlassen.

In den vergangenen 15 Minuten waren schon die neuen Hausbesitzer anwesend, die alle Schränke und Behältnisse inspizierten. Eine fremde Frau saß unter der Kuh und molk diese. Es war eine vielköpfige Familie aus dem entfernten Osten, die dort ihre neue Heimat finden sollte.

Die ganze Familie wurde bei Dessau-Wallersee in ein Bootshäuschen eingewiesen. Es war eine menschenunwürdige Behausung 1946 bis 1950. Ein kleiner Kanonenofen stand in der Mitte des einzigen Raumes. Es gab keine Kohle, kaum Lebensmittel. Man fror und hatte ständig Hunger.

Die Großmutter Marie Pimpl (1873 – 1948) starb hier an Typhus, Hunger und Entkräftung im Kreise der Familie.

Der Bruder Alfred Halbritter (1931 – 2008) war der eigentliche Retter der ganzen Familie. In der Hungerzeit der Familie schoss er Vögel mit einem selbstgebauten Katapult ab und trug so zum Essen bei. Er war schon als Kind in der Heimat als „Pimpl-Fredl" bekannt wegen seiner Umtriebigkeit und seinen Streichen. Die Familie Pimpl war die Verwandtschaft von Rudis Mutter, die ebenfalls mit in dem kleinen Bootshaus wohnen mussten.

Alfred Halbritter trug auch anders aktiv zum Unterhalt der Familie bei. Die Stadt Dessau war zu 85 % bombardiert und überall lagen Flugzeugwracks herum. Alfred baute dort die Motorenteile aus Aluminium aus. Daraus goss er Töpfe, Schüsseln und Pfannen, anfänglich für den Eigenbedarf und dann zum Tausch gegen Lebensmittel. Noch heute befinden sich diese Haushaltsgegenstände im Familienbesitz.

Rudi erzählte: „Die Gießerei lief damals so ab. Mein Opa brachte ein Koksfeuer auf hohe Temperaturen, indem er ein handbetriebenes Gebläse die Kurbel drehte. In einer Geschosshülse wurden alte Alu-Motorteile vom Junkers Werk in Dessau eingeschmolzen. Die Formen waren zwei Hälften: Die untere für den Innenraum des Topfes, die obere begrenzte den Außenteil.

Für die Form verwendete Fred besonderen Sand, den er sich aus der Sandgrube Klieken bei Roßlau holte. Dieser vorwiegend feine Sand führte zu einem ausgezeichneten Guss. Die Modelle wurden aus der Nachbarschaft geliehen.

An den Schüsseln erkennt man auch gut, wo der Guss einströmte in die Form und wo er wieder austreten konnte. Ich ging damals in die 1. Klasse. Meine Mutter konnte gut mit allem kochen, denn in den Gusstöpfen z.B. brannte keine Milch an."

Hier hatte der Vater als gelernter Tischler selbst

Rudi im Sommer 1950

Die Hangendorfer Blasmusikkapelle im Jahr 1921. Rudis Vater steht in der 2. Reihe über der Trommel mit Klarinette und weißem Hemdkragen

ERINNERUNGEN AN HANGENDORF

1938 ein Wohnhaus erbaut.

Der Vater Albert Halbritter (1903 – 1979) und die Mutter Rosa Halbritter geb. Neidhardt (1904 - 2007) betrieben eine kleine Bauernwirtschaft. Im Winter arbeiteten fast alle aus dem Dorf im nahen Karlsbad in der Hotellerie und den Gaststätten.

1950 konnte die Familie endlich in eine kleine (20 m2) Wohnung in Dessau Waldersee umziehen. Der Vater arbeitete als Tischler bei der Firma Köppe und die Mutter als Raumpflegerin bei der Firma Henning. Der Bruder Alfred fand eine Anstellung als Kesselschweisser und gründete eine eigene Familie.

Rudi besuchte nun die Grundschule in Waldersee und dann die EOS in Dessau. Er erinnert sich, dass die Eltern unbedingt wollten, dass der Junge Klavier spielen lernen sollte. Der Klavierunterricht wurde mit frischen Eiern bezahlt.

Rudi bastelte schon sehr früh und hatte bald ein eigenes Episkop.
Er beeindruckte damit den Professor zum Eignungstest an der Ilmenauer Hochschule. Es war ein selbstgebauter Holzkasten mit einem Objektiv aus Brillengläsern und innenliegendem Spiegel.

Von 1965 bis 1970 studierte Rudolf Albert Halbritter in Ilmenau und schloss sein Studium als Diplom-Ingenieur ab. Er fand sofort eine Anstellung im VEB Maßindustrie Werdau.

Dort wohnte er sogar in einer hochherrschaftlichen Villa bei einer richtigen Gräfin, die allerdings auf Heirat bestand, wenn der junge Herr Ingenieur dort einziehen sollte.

Danach arbeitete er als verantwortlicher Ingenieur für das Messwesen im Kraftwerk Vockerode und das junge Paar zog in eine Neubauwohnung in Gräfenhainichen. Es kamen die Kinder Sven und Yvonne auf die Welt. Eine neue Arbeitsstätte reizte Rudi und nun übernahm er als Abteilungsleiter die Wärmeversorgung der Wohnungsgesellschaft Ilmenau. 1993 gründete er zusammen mit seiner zweiten Frau Ellen, eine Ingenieurin für technische Glasverarbeitung, eine eigene Firma, die HAHO GmbH. Heizungsbau, Sanitär und Wärmevermessungsdienst. Sparsame Heizungsanlagen, Sonnenenergiesysteme, Fußboden-Heizungen und geschmackvolle Bädereinbauten sowie Heizkostenabrechnungen sind heute das Markenzeichen der Firma.
2018 übertrugen die beiden Eheleute Halbritter die Firma an die Kinder Katy Krannich und Björn Voigtländer und begaben sich ins Rentnerleben.
Bei Landwirtschaft, Reisen und genussvollen Elektroautofahrten erfreuen sich beide bester Gesundheit.

Lange unterhielten wir uns auch über die Hausküche seiner Vorfahren und was es heute noch zu essen gibt. Aus Rudi sprudelt es nur so heraus. Es gibt kein handgeschriebenes Rezeptbuch, aber die Mutter hat es von ihrer übernommen und die wiederum von ihrer. Heimaterinnerungen, die man schmecken kann, meint Rudi verschmitzt.

Rudis Mutter Rosa Halbritter (1904 – 1979)

RHABARBER-STREUSELKUCHEN MIT HEFETEIG

RUDIS LIEBLINGSKUCHEN

ZUTATEN

Hefeteigboden:

30 g frische Hefe

1 TL Zucker

3 – 4 EL lauwarme Milch

500 g Mehl Type 405

1 Prise Salz

75 g sehr weiche Butter oder Margarine

75 g Zucker

abgeriebene Schale einer Zitrone

1 Päckchen Vanillezucker

2 Eier

ca. 125 ml lauwarme Milch

Zum Bestreuen des Hefeteigbodens:

2 EL Semmelbrösel

Für die Rhabarber-Auflage:

ca. 2 kg Rhabarber

2 EL Zucker zum Bestreuen

Für die Butterstreusel:

150 g Mehl Type 405

100 g Zucker

1 Päckchen Vanillezucker

eine kleine Prise Salz

100 g flüssige Butter

Zuerst wird der Hefeteig vorbereitet. Dazu die frische Hefe mit den Fingern zerbröseln, zusammen mit 1 TL Zucker und 3 – 4 EL lauwarmer Milch in einer kleinen Schüssel zu einer Hefemilch verrühren. Mit einem Tuch abgedeckt, etwa 15 Minuten in der Küche zum Gären der Hefe stehen lassen.

Während dieser Zeit abgewogenes Mehl in eine Backschüssel oder gleich in die Schüssel der Küchenmaschine geben. Eine kleine Prise Salz, Zucker, Vanillezucker hinzugeben, mit dem Mehl vermischen. Die Schale einer unbehandelten Zitrone abreiben und ringsum auf das Mehl streuen. In die Mitte der Mehlmischung mit der Hand eine tiefe Mulde eindrücken. Die Hefemischung in die Mehlmulde eingießen. Milch erwärmen. Sehr weiche Butter auf den Mehlrand legen. 2 zimmerwarme Eier ebenfalls auf den Mehlrand geben.

Nun entweder mit den Knethaken des elektrischen Handmixers oder der Küchenmaschine zusammen mit der lauwarmen Milch einen luftigen Hefeteig schlagen. Dabei solange rühren, bis sich beim Hefeteig immer wieder kleine Blasen bilden.

Ringsum auf den Boden der Backschüssel immer wieder etwas Mehl streuen und mit der Hand den Teig zu einem glatten Hefeteigballen verkneten, der sich gut vom Schüsselboden löst. Den Teig in der Schüssel liegend mit einem Tuch abgedeckt so lange an einem warmen Platz stehen lassen, bis sich das Teigvolumen deutlich verdoppelt hat.

Während dieser Zeit den Rhabarber für den Kuchen waschen, putzen, schälen, in etwa 2 – 3 cm lange Stückchen schneiden. Etwa die Hälfte des Rhabarbers in eine zweite Schüssel füllen, mit 2 gehäuften EL Zucker bestreuen, unterheben und durchziehen lassen. Den restlichen Rhabarber unbehandelt lassen.

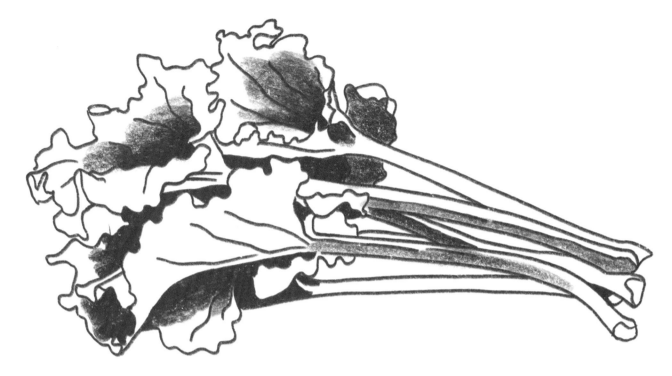

Wenn der Hefeteig in die Höhe aufgegangen ist, diesen aus der Schüssel nehmen und auf einer mit Mehl bestreuten Arbeitsfläche nochmals kräftig mit den Händen durchkneten. Den Hefeteig wieder in die Schüssel legen und zugedeckt erneut in die Höhe gehen lassen, was jetzt schneller geht. Das große Backblech vom Backofen mit etwas Fett ausstreichen, mit einem passenden Stück Backpapier belegen.

Für die Butterstreusel:
Mehl mit Zucker und Vanillezucker in einer Schüssel vermischen.
Butter abwiegen und auf Vorrat auf die Seite stellen.

Den Backofen auf 200 °C vorheizen.

Den erneut hochgekommenen Hefeteig ein letztes Mal kurz auf der Arbeitsplatte durchkneten, auf die Größe des Backblechs ausrollen und das Blech damit belegen.
Den Hefeteigboden gleichmäßig mit 2 EL Semmelbröseln bestreuen.
Den gezuckerten Rhabarber, ohne ausgetretenes Zuckerwasser, gleichmäßig verteilt darüber streuen. Danach den ungezuckerten Rhabarber ebenfalls darüber geben.

Die zur Seite gestellte Butter im Wasserbad flüssig machen, flüssige warme Butter über die vorbereitete Mehlmischung für die Streusel gießen und mit den Fingern Streusel herstellen.
Den Rhabarberbelag mit den Streuseln bestreuen.
Den Rhabarberkuchen in die Mitte des auf 200 ° C vorgeheizten Backofen einschieben und mit Ober/Unterhitze 35 - 40 Minuten backen.
Nach Bedarf einige Minuten vor Ende der Backzeit den Kuchen mit Backpapier abdecken, damit die Streusel nicht zu dunkel gebacken werden.
Den Backofen ausschalten und den Rhabarberkuchen bei geschlossener Ofentür noch weitere 5 Minuten in der Röhre stehen lassen.

Den Kuchen aus dem Ofen nehmen und auf einem Kuchengitter stehend abkühlen lassen.
Den Rhabarberkuchen mit Hefeteig nach persönlichem Geschmack mit etwas Zucker bestreuen.

Den Blechkuchen mit einem Messer in 18 größere rechteckige Schnitten oder in 24 kleinere viereckige Stücke aufschneiden.

DAS SELBSTGEMACHTE SAUERKRAUT

ZUTATEN

1 Gärgefäß aus Ton mit Deckel

1 kg Weißkohl

20 g Meersalz

1 TL Kümmel

10 Nelken und 1 TL Dillsamen

20 Wacholderbeeren

Rudi erzählt aus seiner Kindheitserinnerung: „Nimm Weißkohl, Salz und ein paar Gewürze – fertig! Besonders gesund und besonders lecker!"

Entferne zunächst die äußeren Blätter des Weißkohls und den Strunk. Schneide den Weißkohl in schmale Streifen. Man kann auch hobeln oder raspeln. Vermenge den Kohl mit dem Salz in einer großen Schüssel und knete das Kraut, solange bis sich auf dem Grund der Schüssel eine kleine Pfütze aus eigenem Saft bildet. Gib die Gewürze hinzu.

Schichte nun den Kohl Schicht für Schicht in das Tongefäß und drücke jede einzelne Schicht fest, damit die Flüssigkeit den Kohl schön bedeckt. Gib auch die restliche Flüssigkeit aus der Schüssel hinzu. Wichtig: Der Kohl muss komplett von der Lake bedeckt sein. Lasse ca. 1,5-2cm Platz zum oberen Rand frei, damit das Kraut nicht überläuft beim Fermentieren. Bedecke das Sauerkraut mit einem Kohlblatt, damit keine kleinen Stückchen nach oben schwimmen. Wichtig ist, dass alles mit Flüssigkeit bedeckt ist und es im Gärgefäß keine Luftblasen gibt.

Verschließen und stelle das Kraut die ersten 5-7 Tage bei Raumtemperatur in der Küche auf, damit die Fermentation gut in Gang kommt. Im nächsten Schritt muss das Kraut an einen kühleren Ort umziehen. Am besten in den Kühlschrank. Das ist sehr wichtig, sonst wird es zu sauer. Nach ca. 2-3 Wochen Fermentationszeit mal kosten.

Im Kühlschrank aufbewahrt hält sich Sauerkraut einige Monate.

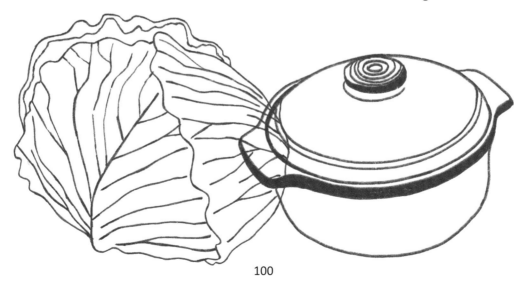

EGERERLÄNDER SCHNEEBÄLLE

AUCH MOHRENKÖPFE GENANNT

ZUTATEN

½ l Milch,

3 Eier,

20 g Puderzucker,

80 g Zucker,

½ Vanilleschote oder
1 Päck. Vanillezucker

Die Eier trennen, mit einer Prise Salz zu Schnee schlagen und den Puderzucker vorsichtig unterrühren; Milch zum Kochen bringen und auf ganz kleine Hitze stellen, damit sie nicht steigt. Vom Eischnee mit einem Löffel Bälle abstechen und diese behutsam in die kochende Milch einlegen und fest werden lassen. Mit einem Schaumlöffel herausheben und in einem Sieb abtropfen lassen. Die Milch durchseien, mit dem Zucker mischen und unter ständigem Rühren in die verquirlten Eigelbe geben, Vanillezucker dazu und unter Rühren erhitzen, aber nicht zum Kochen kommen lassen.

Die Egerländer Schneebälle in eine Glasschale setzen, die erkaltete Creme darüber gießen und auf Eis stellen. Sehr gut schmecken die Schneebälle mit einer Schokoladencreme. Die durchgeseihte Milch mit 2-3 EL geriebener Schokolade vermischen und über die Schneebälle gießen.

EGERLÄNDER KLÖSSE

BEI RUDI GENANNT „EGERLÄNDER SCHNEEBOALN"

ZUTATEN

700 g Pellkartoffeln

1400 g vorwiegend festkochende Kartoffeln

1 El. Quark

1 Tl. Salz oder grobes Salz aus der Mühle

Die Pellkartoffeln zubereiten, abseihen und kurz auskühlen lassen. Salzwasser in einem Topf zum Kochen bringen. Die Pellkartoffeln abpellen, durch eine Quetsche drücken, die rohen Kartoffeln schälen, reiben und sofort alles miteinander vermengen (Die ausgelaufene Stärke dazugeben). Die Knödelmasse mit Salz abschmecken und den Quark dazu geben. Die Masse zu kleinen Knödeln abdrehen. Die Klöße etwa 10 Minuten im Wasser sieden lassen, bis sie oben schwimmen. Dazu gab es immer Braten, Geflügelgerichte oder herzhaften Gulasch.

HÄHNCHENREZEPT NACH FAMILIEN-ART

ZUTATEN

1 Hähnchen, ca. 1200 g

500 g Kartoffeln, festkochend

3 Zwiebeln

4 Äpfel

300 ml Sahne

1 EL Paprikapulver

Salz und Pfeffer

2 EL Kümmel

1 Prise Muskat

Das Brathähnchen halbieren oder im Ganzen auf ein Backblech mit hohem Rand legen und würzen. Großzügig mit Paprikapulver, Salz und Pfeffer von allen Seiten bestreuen. Die Kartoffeln schälen, in dicke Streifen schneiden und rund um das Hähnchen auf dem Backblech auslegen. Mit Salz und Pfeffer bestreuen und dann ordentlich Kümmel über den Kartoffeln verteilen.

Das Hähnchen mit der Brustseite nach unten samt Kartoffeln bei 200 °C Ober-/Unterhitze in den Backofen auf die mittlere Ebene einschieben. Nach 30 Minuten das Hähnchen wenden und die in Ringe geschnittenen Zwiebeln dazulegen. Nach weiteren 10 Minuten die geachtelten Äpfel dazugeben. Nach nochmals 10 Min. alles mit der Sahne übergießen, wer will, auch das Hähnchen. noch 10 Min. im Ofen lassen, dann das Hähnchen runternehmen. Die Gemüselage auf dem Backblech mit Muskatnuss, Salz und Pfeffer abschmecken. Noch einmal kurz in den Backofen schieben und in der Zwischenzeit das Hähnchen zerteilen.

Das Gemüse auf einer großen Platte anrichten und die Hähnchenteile darauflegen. Wer es rustikal will, kann es auch gleich auf dem Backblech lassen.

GERNOT PURKART

„EINMAL KUPFERBERGER, IMMER KUPFERBERGER"

Herrn Purkart lernte ich im Frühling 2008 während einer Buchlesung in der Dorfkirche Muntscha bei Auma zum ersten Band „Familienrezepte aus dem Sudetenland – Geschichten und Rezepte aus alter Zeit" kennen. Er hatte eine Aktentasche voller Familienerinnerungen mitgebracht. Er zeigte mir Fotos und Unterlagen von seinem Großonkel Reinhold Illing dem sudetendeutschen Volksdichter.

Nachdem nun der zweite Band „Noch mehr Familienrezepte aus dem Sudetenland – Geschichten, Personen und Rezepte einer unvergessenen Zeit" mit einem Kapitel seines Großonkels erschienen ist, kam wir bei einem Kochevent in Auma ins nähere Gespräch.

Da wir an diesem Tag sudetendeutsche Speisen aus den handgeschriebenen Haushaltsbüchern seiner Mutter und Oma kochten, war mir sofort klar – er muss mit seinen direkten Vorfahren mit in das neue, dem dritten Band, erscheinen.

INTERESSANTES ÜBER GERNOT PURKART, DEM „KUPFERBERGER"

LEBENSLAUF VON GERNOT PURKART

Gernot Purkart
geb. 04.02.1954 in Gera

- wohnhaft Moßbacher Str. 3 in 07955 Auma Weidatal
- Polytechnische Oberschule in Auma 1960 - 1970
- Berufsausbildung als Fachverkäufer für Wohnraumkultur von 1970 – 1972 (Fachrichtung Foto -Funk)
- 1973 - 1974 Grenztruppen der DDR
- 1975 Verkaufsstellenleiter
- ab 1978 Übernahme einer Verkaufsstelle Auma mit dem Sortiment: Haushaltwaren, Spielwaren, Kunstgewerbe, Heimwerken, Fahrräder, KFZ-Zubehör, Rundfunk, Fernsehen, Haushalt-Elektro zu Spitzenzeiten 16 Mitarbeiter bis zum Jahr 2005.
- Hochzeit mit Birgitt geb. Hartmann.
- 3 Kinder – Nadine (geb. 20.6.1978)
    Marcus (geb. 1984, gest. 1985)
    Sebastian (geb. 18.04.1986)
- ab 1990 im Stadtrat in Auma bis heute
- ab Juni 2000 Bürgermeister der Stadt Auma hauptamtlich bis Mai 2012
- ab Juni 2012 Ortschaftsbürgermeister der Ortschaft Auma bis heute

Am 15.01.2022 verstarb seine Frau Birgitt Purkart im Alter von 64 Jahren.
   Heute hat Gernot Purkart mit Simona (geb. 22.11.1962) wieder eine liebenswerte Partnerin gefunden, die seine ständige Umtriebigkeit mit bewundernswerter Ruhe gelassen hinnimmt.

Ja, Gernot Purkart hält die Familiengeschichte hoch und ist aktiv bemüht Kontakt zu allen Verwandten zu halten. Er organisiert immer Treffen, wo alle zusammen kommen können.

Der Vater war Soldat im zweiten Weltkrieg und kehrte im Frühling 1943 verwundet heim. Dann war er Polizist bis zum Kriegsende. Im Herbst 1946 musste dann auch das Ehepaar Purkart die Heimat verlassen und in Auma fanden sie ein neues Zuhause. Der Vater arbeitete dann als Schweißer in der Peuckertschen Landmaschinenfabrik in Auma. Nebenbei baute er Handwebemaschinen für seine Frau auf und besorgte die entsprechenden Maschinen dazu.

Die Mutter war Handwebemeisterin und machte sich mit Hilfe ihres Mannes selbstständig. Leider musste diese Firma 1968 schließen, weil sie sich einem Zutritt in die örtliche PGH (Produktionsgenossenschaft des Handwerks) verweigerte. Eine Erinnerung an die Heimat der Vorfahren hat Gernot Purkart sehr deutlich. Nach anderthalb Jahren Arbeitslosigkeit in der DDR übernahm der Vater von Herrn Gernot Purkart das Aumaer Möbelhaus als Verkaufsstellenleiter bis 1975. Bis 1980 war der Vater dann Versicherungsinspektor bei der Staatlichen Versicherung in Greiz, dann Eintritt in die wohlverdiente Rente.

Mit dem Vater ist er bis zu dessen Tod, oft in die Heimat gefahren. Jedes Jahr fand und findet am zweiten Septemberwochenende ein Heimatreffen in Měděnec, dem damaligen Ort Kupferberg statt.

„WENNS RECHT NABELT UND RECHT NÄSST, DANN IS KUPFERBARCHER FEST"

Der Vater von Gernot Purkart hieß Anton geb. am 17.04.1910 in Kupferberg (Měděnec, Tschechien) gelernter Müllergehilfe, gest. am 18.12.1993 in Auma. Polizeioberwachtmeister in Teplitz-Schönau

Die Mutter hieß Josefine Purkart, geb. Illing geb. am 25.04.1916 in Kupferberg, gest. am 14.05.1987 in Auma. Heimarbeiterin, Tochter von Franz Illing (Bruder von Heimatdichter Reinhold Illing

2020 in Auma

WAS MAN ÜBER KUPFERBERG WISSEN SOLLTE…

Die Geschichte Kupferbergs ist eng mit dem Bergbau verbunden, welcher hier am Fuße des Kupferhübel (Mědník) vermutlich bereits seit dem 10. Jahrhundert betrieben wurde und vorrangig auf silberhaltige Kupfererze umging. Als Siedlung wurde Kupferberg erstmals 1449 urkundlich erwähnt. 1520 erhielt der Ort das Privileg des freien Silberhandels verliehen. 1581 entstand die erste hölzerne Kirche. Im Jahre 1588 wurde Kupferberg zur Bergstadt erhoben, konnte sich 1616 freikaufen und fortan als königlich freie Bergstadt bezeichnen. Der Niedergang der einstigen freien Bergstadt setzte 1640 ein, als Kupferberg während des Dreißigjährigen Krieges niedergebrannt wurde. Im Zuge der Rekatholisierung verblieb Kupferberg evangelisch, trotzdem siedelten zahlreiche Einwohner nach Sachsen um. 1807 wurde der Bergbau vorläufig eingestellt. Am 3. Juli 1856, fielen einem Stadtbrand 19 Häuser, die Kirche, das Brauhaus und das Rathaus zum Opfer. Im Jahr 1872 erhielt Kupferberg einen Bahnhof an der Eisenbahnverbindung zwischen Chemnitz und Komotau (Chomutov), die Buschtěhrader Eisenbahn. Dies war Grundlage für den Aufschwung des Tourismus, für den insbesondere der Kupferhübel den Hauptanziehungspunkt darstellte.

Kupferberg. Unterkunftshaus Kupferhübel, Erzgeb. 908 m.

Wilhelm von Humboldt nannte ihn

„…EINEN DER SCHÖNSTEN AUSSICHTSPUNKTE MITTELEUROPAS."

Nach dem Ersten Weltkrieg wurde Kupferberg 1919 der neu geschaffenen Tschechoslowakei zugeschlagen. Aufgrund des Münchner Abkommens kam der Ort 1938 an das Deutsche Reich und gehörte bis 1945 zum Landkreis Preßnitz, Regierungsbezirk Eger, im Reichsgau Sudetenland. Nach Ende des Zweiten Weltkriegs wurde die deutschböhmische Bevölkerung größtenteils enteignet und vertrieben.

Im Jahr 1975 besuchte ich mit dem Motorrad dieses schöne Fleckchen Erde. Inspiriert hatte mich dazu die damals sehr beliebte tschechische Fernsehserie „Die Kriminalfälle des Major Zeman". Das Bild zeigt den Dorfpolizisten Zeman in der ersten Folge. Gedreht wurde in und um Kupferberg, heute Měděnec.

Herr Gernot Purkart hatte mir leihweise das Rezeptbüchlein der Mama überlassen und am liebsten hätte ich alle Rezepte übernommen.

KÜRBISCREMESUPPE NACH KUPFERBERGER ART

EIN FAMILIENREZEPT

ZUTATEN

1 Zwiebel

1 EL Butterschmalz

500 g Kürbis
(z.B. Hokkaido)

1 l Gemüsebrühe oder Rindsbrühe

1 Prise Salz

1 Prise Pfeffer

1 Prise Muskatnuss (gerieben)

1 Prise Thymian

3 Stück Korianderkörner

0.25 l Schlagsahne

Zuerst die Zwiebel schälen, in feine Stückchen schneiden und in einer hohen Pfanne in Butterschmalz kurz anschwitzen. Danach das geschälte, gewürfelte Kürbisfleisch zugeben, kurz mitbraten lassen, und danach mit der Suppe (Klare Gemüsesuppe oder Rindsuppe) aufgießen. Die Suppe mit Salz, Pfeffer, Muskat, fein gehacktem Thymian und ein paar Korianderkörner gut würzen. Die Kürbisstücke darin bei leichter Hitze weichkochen und anschließend mit einem Pürierstab pürieren. Nochmals kurz abschmecken und nachwürzen und das Gericht mit etwas Schlagsahne verfeinern bzw. einrühren.

KUPFERBERGER KLECKSELKUCHEN

ZUTATEN

Für den Hefeteig:
500 g Mehl
35 g Hefe
80 g Zucker
¼ Liter Milch, lauwarme
100 g Butter
1 Ei
1 Prise Salz

Für den Mohnbelag:
½ Liter Milch
1 Prise Salz
½ Zitronenschale
100 g Grieß
300 g Mohn, gemahlen
150 g Zucker
2 EL Honig
100 g Rosinen, kernlos
½ TL Zimt
2 cl Rum

Außerdem:
250 g Pflaumenmus
1 EL Rum

Für den Quarkbelag:
250 g Quark
2 Eigelb
80 g Zucker
1 Pck. Vanillezucker

Für die Streusel:
200 g Mehl
100 g Zucker
100 g Butter
40 g Mandelstifte, zum Bestreuen

Mehl, zum Ausrollen
Butter, zum Einfetten

Gesamtzeit:
ca. 2 Stunden 25 Minuten

Mehl in eine Schüssel geben. In die Mitte eine Mulde drücken und die Hefe hineinbröckeln. Mit einem Teelöffel Zucker, etwas lauwarmer Milch und etwas Mehl zu einem Vorteig verrühren. Zugedeckt an einem warmen Ort 15 Min. gehen lassen. Danach den restlichen Zucker, die übrige Milch, Butter, Ei und Salz dazu geben. Alles zu einem glatten Teig verkneten. Teig so lange schlagen, bis er sich vom Schüsselrand löst. Zugedeckt nochmals 30 Min. gehen lassen.

In der Zwischenzeit für den Mohnbelag Milch, Salz und abgeriebene Zitronenschale zum Kochen bringen. Grieß einrieseln lassen und bei schwacher Hitze 5 Min. ausquellen lassen. Vom Herd nehmen; gemahlenen Mohn, Zucker und Honig hineinrühren. Rosinen mit kochendem Wasser überbrühen und auf einem Sieb abtropfen lassen. Rosinen, Zimt und Rum unter die Mohnmasse mischen.

Für den Quarkbelag alle Zutaten verrühren. Pflaumenmus und Rum vermischen.

Für die Streusel Mehl und Zucker mischen und das zerlassene Fett mit einer Gabel unter die Mehl-Zucker-Mischung rühren.

Ein großes Backblech einfetten und den auf Mehl ausgerollten Hefeteig darauf legen. Den Mohnbelag gleichmäßig darauf streichen. Die Quarkmasse und das Pflaumenmus abwechselnd in kleinen Klecksen darauf geben. Die Streusel darüber verteilen und die Mandelstifte darüber streuen. Alles nochmals 15 Min. gehen lassen und im vorgeheizten Ofen bei mittlerer Hitze ca. 35-40 Min. backen.

KUPFERBERGER OBSTKUCHEN

ZUTATEN

Für den Teig:

200 g Butter

200 g Zucker

4 Eier, getrennt

250 g Mehl

3 EL Sauerrahm

1 Pck. Backpulver
evtl. Schnaps (Obstbrand)

Für den Belag:
(Topfenfülle)

2 Eier

150 g Zucker

60 g Butter

250 g Quark (Topfen)

1 Pck. Vanillezucker

1 kg Aprikosen oder anderes Obst nach Wahl

Für die Streusel:

60 g Butter

60 g Zucker

120 g Mehl

Für den Teig Butter und Zucker unter Zugabe der Eidotter schaumig schlagen. Mehl und Backpulver vermengen und unter die schaumige Masse rühren. Den Sauerrahm einrühren und zum Schluss das zu Schnee geschlagene Eiklar unterheben. Den Teig auf ein mit Backpapier ausgelegtes Backblech streichen.

Für die Topfenfülle die Eier mit dem Zucker, Vanillezucker und der Butter schaumig schlagen. Danach den Topfen unterrühren - je nach Geschmack einen Schuss Obstbrand, passend zum Belag beigeben. Die Masse auf den Teig streichen. Das Obst entkernen und zumindest halbieren. Die Topfenfülle damit ganzflächig belegen.

Für die Streusel die Butter mit dem Zucker und dem Mehl abbröseln und über das Obst streuen. Dann im heißen Backofen bei 170 °C Ober-/Unterhitze ca. 55 min. backen.

Tipp: Es ist empfehlenswert, den fertigen Obstkuchen mindestens 12 Std. ruhen zu lassen, oder am Vortag zuzubereiten.

Gesamtzeit:
ca. 1 Stunde
55 Minuten

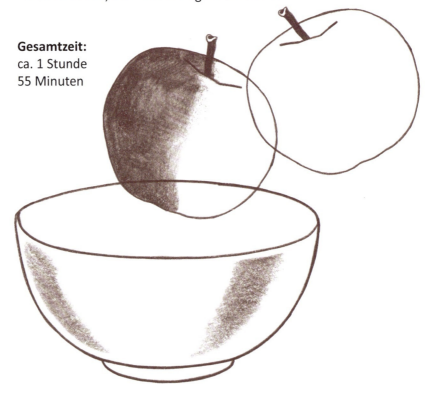

EGERLÄNDER TOPFENKUCHEN

ZUTATEN

Für den Knetteig:

200 g Mehl

75 g Zucker

75 g Margarine

1 Ei

½ Pck. Backpulver

Fett für die Form

Für die Füllung:

125 g Margarine

225 g Zucker

1 Beutel Vanillezucker

1 Beutel Vanille-puddingpulver

3 Eier

1 Becher Quark (500 g)

1 Becher Saure Sahne (200 g)

1 Becher Süße Sahne (200 g)

Die Zutaten für den Knetteig in eine Schüssel geben, rasch zusammenkneten und zur Seite stellen. Für die Füllung Margarine, Zucker, Vanillezucker, Puddingpulver und Eier in einer Schüssel verrühren. Dann den Topfen und die saure Sahne untermischen. Die süße Sahne steif schlagen und unterheben.
Den Backofen auf 180 °C Ober-/Unterhitze vorheizen. Den Knetteig in einer gefetteten 26er Springform auslegen, etwa 2 - 3 cm am Rand hochziehen. Nun die Füllung in die Form geben, glatt streichen und im heißen Backofen 1 Stunde backen.

Achtung: Den Kuchen erst nach dem völligen Erkalten aus der Form nehmen, da unmittelbar nach dem Herausnehmen aus dem Backofen die Konsistenz der Quarkmasse noch zu weich ist.

Gesamtzeit:
ca. 1 Stunde 30 Minuten

KUPFERBERGER KARTOFFELSUPPE MIT ERBSEN UND METTWÜRSTCHEN AUF MODERNE ART

ZUTATEN

800 g Kartoffeln

400 g Mettwürstchen

1 Stange Porree

200 g Sellerie

200 g Möhre

4 EL Öl

1 Liter Fleischbrühe

200 g Crème fraîche

300 g Erbsen, TK, feine

Petersilie

Schnittlauchröllchen

Die Kartoffeln schälen, waschen und würfeln. Lauch, Sellerie und Möhren putzen, waschen und klein schneiden. Die Würstchen in Scheiben schneiden. Gut ein Viertel der Kartoffeln und der Möhren beiseite stellen. Zwei Esslöffel Öl erhitzen und die restlichen Kartoffeln sowie das Gemüse kurz darin anschwitzen. Mit Fleischbrühe ablöschen, zum Kochen bringen und 15 Minuten bei schwacher Hitze köcheln lassen. Danach die Suppe pürieren. Die beiseite gestellten Kartoffel- und Möhrenwürfel zugeben und die Suppe weitere 10 bis 15 Minuten kochen. 5 Minuten vor Ende der Garzeit die Erbsen zufügen.

Die in Scheiben geschnittenen Würstchen im verbliebenen Öl anbraten und zur Suppe geben. Crème fraîche unterrühren und die Suppe mit Salz und Pfeffer abschmecken.

Vor dem Servieren mit fein gehackter Petersilie oder mit Schnittlauchröllchen bestreuen.

KUPFERBERGER DICKE OBST-PFANNKUCHEN

ZUTATEN

250 g Mehl

75 g Zucker

3 Eier

2 Pck. Vanillezucker

200 ml Milch

½ TL Salz

400 g Heidelbeeren

Zucker zum Bestreuen

Butter

Die Eigelbe vom Eiweiß trennen. Das Obst vorbereiten, die Beeren verlesen.
Die Eigelbe mit Zucker, Vanillinzucker, Mehl, Milch und Salz zu einem glatten Teig verrühren. Die Eiweiße zu steifem Schnee schlagen. Zunächst die Heidelbeeren unter den Teig rühren, dann den Eischnee vorsichtig unterheben.
Fett in einer Pfanne zergehen lassen und dicke Pfannkuchen darin bei schwacher bis mittlerer Hitze goldbraun backen.

Die Pfannkuchen auf einen Teller legen und mit Zucker bestreuen.

HANS-JÜRGEN SCHAAP AUS TICHLOWITZ

Mein erster Blick auf Tichlowitz (tschechisch Těchlovice) im Sudetenland, der Heimat meiner Mutter und ihrer Eltern, war völlig unbelastet von deren Schicksal.

Mit knapp dreizehn Jahren lag die Geschichte für uns, die wir die Vertreibung nicht hatten erleben müssen, sowieso im Dunkeln. Abgesehen davon, dass in der schulischen Diktion das Wort „Vertriebene" nicht vorkam und bestenfalls mal von „Umsiedlern", oder dem „Münchner Diktat" die Rede war, schwiegen sich Eltern und Verwandte aus. Zumindest ließen sie uns Kindern gegenüber kaum davon hören, was überhaupt geschehen war. In der DDR hätte es, was sicherlich eine Rolle spielte, nachteilige Folgen haben können, Tatsachen ungeschönt zu nennen. Abgesehen davon – wie hätte man das alles in den frühen Lebensjahren verstehen und ins eigene Leben einordnen sollen?

Tichlowitz war halt das, wo die Mutter ihre Jugend verbracht und die Großeltern gewohnt hatten. Eine befremdliche Begebenheit ist mir von diesem ersten Besuch dennoch in Erinnerung: Als wir in Niederwellhotten vor dem elterlichen Hause standen, zeigte sich eine darin wohnende Tschechin am Gartenzaun, und fragte meine Mutter, ob sie die Wally sei? Meine Mutter war überrascht, später sagte sie dann: „Die wusste, wer ich bin, aber reingelassen hat sie mich nicht!" Völlig unverständlich war und blieb für mich, dass eine Fremde den Namen meiner Mutter wusste, ohne sie je kennengelernt zu haben.

Wir sind auch in der Folge ab und an wieder nach Tichlowitz gefahren; die Entfernung von unserem Wohnort ist nicht so groß, dass sich die Fahrt nicht in einer bequemen Tagestour bewältigen ließ. Mit der Zeit formte sich – auch aus Erinnerungsgesprächen der Verwandtschaft oder Bekannter mit gleichem Schicksal - ein erstes, wenn auch grobes Bild.

Ich selbst, geboren 1950, entstamme der zweiten Ehe meiner Mutter. Die erste Ehe mit dem Tichlowitzer Bankkaufmann Eri Jäger, die während seiner Zeit als Soldat geschlossen wurde, konnte nicht von langer Dauer sein. Er kam in amerikanische Gefangenschaft, die Einheit wurde aber an die sowjetrussische Seite übergeben. Auf der Krim musste er in einer Gärtnerei arbeiten, erkrankte schwer und starb dort 1947. Seine Schwester Gretel, ihr Mann und ihre Eltern, ebenfalls aus Tichlowitz und alle am gleichen Tag auf den Marsch geschickt, wurden ebenfalls in der DDR sesshaft.

Der Kontakt zu ihnen blieb immer sehr eng, und bei häufigen Besuchen wurde oft über die verlorene Heimat gesprochen. Vor allem Episoden wurden immer wieder ausgetauscht oder Erinnerungen an Bekannte und Nachbarn.

Das Wohnhaus meiner Mutter und Großmutter in Tichlowitz 110 (im Jahr 1963)

Manches davon ist auch mir im Gedächtnis geblieben. Wie der Bericht meines Großvaters Heinrich, aus dem ich erfuhr, dass er nach der gemeinsamen Ausweisung aus Tichlowitz mit meiner Mutter, ihren Schwiegereltern und der Schwägerin sich irgendwo im Erzgebirge von der Gruppe wieder gelöst hatte, und mit seinem Bruder, dessen Frau und zwei Kindern in der Nacht auf eigene Faust zurückgegangen war. Seine Worte: „Mir war es egal, ob sie mich erschießen!" sind mir noch im Ohr. Es gelang ihm zunächst tatsächlich, wieder in seinem Haus (Am Hörnl) zu wohnen und in Aussig zu arbeiten. Das in der irrigen Ansicht, dass er, ehemals den „Roten" zugeneigt, und als Teilnehmer des 1. Weltkrieges im Genuss einer tschechischen Versehrtenzusatzrente stehend, letztlich in seiner Heimat würde bleiben können. Eine trügerische Hoffnung, denn am 6. April 1946 schlug auch für ihn die Stunde ein zweites Mal, und er wurde in die SBZ ausgewiesen.

EIN ANDERER BERICHT

Die ehemalige Schwiegermutter erzählte, dass auch sie bei Nacht und Nebel heimlich nach Tichlowitz zurückgegangen war, um aus ihrem Garten (ihre Eltern führten die Gärtnerei Leißner) in einem Topf vergrabenes Bargeld zu holen. Sie verstaute die Scheine im doppelten Boden einer von meiner Mutter, die Schneiderin war, genähten Tasche – wurde aber auf dem Rückweg von den Tschechen beim Grenzübertritt erwischt. Die Folge war eine Inhaftierung bis 1946, ein gutes Jahr!
Bei der Entlassung erhielt sie ihre Effekten und die Tasche zurück, ohne dass man das Geld entdeckt hatte. Immerhin war dies noch vor der Währungsunion; so hatte der Coup zwar ein gutes Jahr Freiheit gekostet, er war aber immer wieder Gegenstand wohltuender Erwähnungen am Kaffeetisch.

In der Regel waren die Besuche im elterlichen Auto vor allem Rundfahrten durch das Dorf. Sie führten zu den Erinnerungsstätten meiner Mutter. Zum verlorenen Haus, dann zur Schule, der Kirche, der Gaststätte, oder den Häusern früherer Nachbarn oder Bekannten. Auch an jene Stelle am Bahngleis, wo sie ihren Mann Eri das letzte Mal sah. Seine Einheit wurde verlegt und er befand sich auf einem Militärzug, der zufällig vorbeifuhr. Sie konnten sich zuwinken. Nicht viel weiter vorn musste der Zug aber stundenlang vor einem Haltesignal warten, wovon meine Mutter natürlich nichts wusste. Es wäre nur ein kurzer Weg gewesen für ein längeres Wiedersehen. Auch das hat sie ihr Leben lang belastet.

In der ersten Hälfte der 1970er Jahre nannte ich mein erstes eigenes Auto mein Eigen, einen tschechischen Skoda 100. Nun auch mit meiner Frau fuhren wir immer mal wieder nach Tichlowitz, weil sich dort Kontakte zu Menschen ergeben hatten, die Mutter und Großmutter noch kannten. So übernachteten wir gelegentlich auch dort. Zwei oder drei Mal bei Frau Annie Pilnaj – geb. Svoboda (Niederwellhotten) oder weiter unten, in Tichlowitz, bei der nicht weit von der Durchfahrtsstraße wohnenden Frau mit dem Vornamen Marie. Beides waren Deutsche, die aufgrund ihrer Heirat mit Tschechen, daheimbleiben durften.

Wir lebten in der DDR keineswegs in Saus und Braus, aber die Verhältnisse bei Annie waren von solcher Bescheidenheit, wie auch wir sie das erste Mal sahen. Aber sie und ihr Mann, ebenso wie Marie, waren ganz liebe und gastfreundliche Menschen. Zusammen mit dem tschechischen Ehemann von Annie besuchten wir mal eines Abends die direkt an der Straße zum Sperlingstein hinaufführende Gastwirtschaft. Sie war bis auf den letzten Platz mit Dörflern besetzt; es ging lustig zu. Einer spielte Akkordeon und man schenkte sogar Selbstgebrannten aus. Dann kam der Ortspolizist und der Schnaps verschwand wieder unter der Theke. Ich trank Alkohol zeitlebens immer nur in geringen Maßen; wenn allerdings die Frage nach einer Ausnahme und eines doch auch mal richtigen Betrunkenseins zu beantworten wäre – dann war dieser Abend in Tichlowitz. (Die Gaststätte sei, wie wir später erfuhren, irgendwann einem Brand zum Opfer gefallen.)

Bei einem weiteren Besuch mit Freunden

sind wir weit die Straße hinauf gewandert und haben versucht, über das große im Wald liegende Geröllfeld den Sperlingstein zu besteigen. Bis ganz oben schafften wir es nicht, Sandalen und sommerliche Kleidung ließen es nicht zu. Es hieß auch, der Zugang sei nur von der Rückseite des Berges aus zu erlangen. Wir waren auch in Babutin, wo früher meine Mutter schon mal den Hof ihrer Freundin Friedel gesucht hatte. Ganz nebenbei war da zu erfahren, dass sie auf diesem Hof dort schon zu Anfang der dreißiger Jahre eine Biogasanlage hatten, die einen Generator antrieb und den Strom lieferte.

Irgendwann bei einem weiteren Besuch trafen wir Annie nicht mehr an. Ihr Mann erzählte, dass sie verstorben sei – vorausgegangen. Weinend berichtete er, dass sie immer mehr dement geworden sei und er sie mal, nur mit Nachthemd bekleidet, in der Nacht unten am Elbeufer hatte abholen müssen.

Auch hier aus späterer Sicht für mich ärgerlich: Weder mit Annie noch mir Marie gab es Gespräche zu den von ihnen erlebten Details der Ereignisse von 1945. Ihre Erfahrungen wären wohl nicht weniger interessant.

Bei weiteren Reisen zu inzwischen hinzu getretenen Freunden nach Prag sind wir auf dem Rückweg meist über Tichlowitz gefahren. Einmal habe ich in Tschrisie (phonetisch, finde den kleinen Ort auf der Karte nicht mehr) jene Familie besucht, von der meine Mutter berichtet hatte, dass sie dort als Kind in den Ferien mehrfach „im Tschechischen" gewesen ist. Man konnte sich dort an meine Mutter erinnern; eine Zeitzeugin der Familie war noch am Leben.

Mit zunehmendem Alter schärfte sich das Bild zu dem, was Vertreibung für die Erlebnisgeneration überhaupt hieß. Auch infolge vermehrter Reflexionen meiner Mutter, und Großmutter, genährt auch durch deren Teilnahmen an Tichlowitzer Treffen in der damaligen BRD. Gut erinnerlich ist mir zudem die letzte Fahrt mit meiner Großmutter Adele, die aus Munker stammte, in Tichlowitz lebte, als junge Frau in der Korbflechterei, später dann bei der Fa. Schicht arbeitete, nach Tichlowitz. Es war 1977, und berührt mich noch heute, sie hilflos auf dem Friedhof herumirren zu sehen

Meine Großmutter Adele Pieke 1977 auf dem Tichlowitzer Friedhof

und nach dem Grab ihrer Großeltern zu suchen. Im Wirrwar einer damals nicht mehr als ungepflegten Steinwüste konnte sie nichts finden. Mit den veränderten Umständen ab 1990 hatte ich selbst Gelegenheit, an einigen der Heimattreffen teilzunehmen. Zusammen mit meiner Frau und meinen Eltern waren wir mehrfach zu Gast. So in Ansbach, in Fulda oder Pirna. Hier trafen wir Verwandte, wie die Familie Erlbeck oder Erna John, die mit unserer Familie durch das gleiche Schicksal verbunden waren.

Unsere Fahrten nach Tichlowitz sind mit den Jahren dennoch rarer geworden, auch weil sich die persönlichen Bezüge, ob der mittlerweile verstorbenen Bekannten mehr und mehr

Der „Meier-Hof „im Zustand Ende der Siebziger Jahre

1977 entstand auch das Foto auf der Straße nach Babutin; der Sperlingstein hatte noch seine „Nase"

aufgelöst hatten. Dafür wurde der Blick auf dieses schöne Stück Welt an der Elbe weiter und differenzierter, weil gezieltere Fragen und mehr Antworten ein in mancherlei Hinsicht zunehmend anderes Licht warfen.

Die unbeschwerte und glückliche Zeit von Kindheit und Jugend, so meine Mutter, eine Zeit, in der es „nie Probleme mit den Tschechen" gegeben habe, habe mit dem Anschluss an das „Altreich" 1938 – da war sie gerade mit der Lehre fertig – eine Wandlung erfahren. Jüdische Geschäftsleute in Aussig, die auch gute Kunden in der Schneiderei waren, in der sie gelernt hatte, verließen Stadt und Land. Geschäftsleute wanderten ab. Sie wurde daher nicht wie erwartet als Gesellin übernommen, sondern war im Zwang, sich nach einer anderen Tätigkeit umzusehen, und eine Arbeit als Telefonistin im Fernmeldeamt anzunehmen

Was – spät, sehr spät und bröckchenweise – zu Tage kam, waren die erlebten Umstände in den Stunden der Vertreibung mit allen ihren unfassbaren Einzelheiten: Das ungerechte, unwürdige Hinausjagen der Deutschen aus ihren Häusern und ihrer Heimat, der Raub ihres Eigentums, die Landnahme ohne jedes Recht und entgegen dem Völkerrecht. Von Plünderungen und Misshandlungen war da die Rede, von entehrenden körperlichen Durchsuchungen auf dem Fußweg aus dem Dorf hinaus. Von der Androhung, bei mitgeführten Wertgegenständen erschossen zu werden. Vom Ärger, sie trotzdem nicht mitgenommen zu haben, weil einer, der die Menschen auf offener Straße zu durchsuchen hatte, ein Student und Schüler eines ebenfalls zum Pulk gehörenden Musiklehrers war. Der sich so geschämt habe, dass er die körperliche Durchsuchung nur zum Schein vollzog. Vom Vater der Schwiegermutter Friedrich Leißner, der mit einem Katheder, der damals noch täglich ausgewaschen werden musste, überhaupt nicht „reisefähig war, was in diesen unmenschlichen Tagen natürlich keine Rolle spielte. Der sich dann, wie man umgangssprachlich sagte, den Strick nahm.

Von der trügerischen Annahme, dass es nur eine vorübergehende Maßnahme sei und sie bald alle würden wieder zurückkehren können. Was meine Mutter nie verwinden konnte, war das man sie in der Nacht aus dem Bett trommelte, und ihr einen Zettel in die Hand drückte, auf dem zu lesen war, dass sie wegen staatsgefährdender Tätigkeit früh fünf Uhr das Land zu verlassen habe. Auch ihre Schwiegereltern bekamen einen solchen schmalen Zettel in die Hand gedrückt, mit Maschine geschrieben. Keiner von ihnen in einer Partei noch sonst irgendwo politisch organisiert gewesen; meine Mutter und litt unter der Erfahrung dieser Ungerechtigkeit zeitlebens, die zu erklären sowieso keiner für notwendig erachtete. Von einem Riss berichtete sie, einem Riss, der plötzlich auch durch die Nachbarschaft ging; eine Nachbarin sei ihr mit umgeschnallter Pistole entgegengetreten und habe tschechische Gewalt vollzogen. Aber auch das soll sie nicht davor geschützt haben, aus dem Land gewiesen zu werden.

Auch nach 1990 habe ich in meinem Beruf als Kriminalbeamter weiterarbeiten können und hatte Gelegenheit, zumindest in Teilen an Ermittlungen zur Namhaftmachung einiger der Mörder und Gewalttäter aus der Zeit der Vertreibung mitwirken zu dürfen. Irgendwo in Bayern hatte jemand den Schneid, sich auf die Suche nach noch unbehelligt lebenden Akteuren der damaligen Untaten zu begeben, die beschuldigt wurden – nicht mal so weit von Tichlowitz weg – in diesen Tagen 1945 an einem Bach Deutsche (ein Bürgermeister war dabei) erschlagen und erschossen zu haben. Ich weiß nicht, was daraus geworden ist, ich weiß heute nur – und das einmal mehr: Meine Familie durfte sich zu den Glücklichen schätzen, das alles lebend überstanden zu haben.

Ich habe im vergangenen Jahr einige Unterlagen aus dem Nachlass meiner Großeltern und meiner Mutter dem Sudetendeutschen Archiv in München übergeben, damit sie im Original erhalten bleiben. So auch diese Aufstellung von dem bescheidenen Eigentum meines Großvaters, dass er auch 1946 zurücklassen musste.
Noch in meinem Besitz sind zwei (natürlich erst nach der Vertreibung entstandene) Bilder des

Malers Hübsch; eins werden meine Kinder behalten, das zweite werde ich, ebenfalls noch dem Sudetendeutschen Archiv übergeben – man hat von dort schon signalisiert, dass man es gerne nimmt.

Nicht unerwähnt bleiben sollen Schriften wie der „Aussiger Bote" oder „Trei da Hejmt"-die den Eltern in dankenswerter Weise halfen, ihr Sudetenland zumindest in der Erinnerung nahe zu halten. Auch für mich waren sie wichtige Informationsquellen.

Was bleibt? Ich hege keinen Groll gegen die heutige tschechische Generation; sie ist in die Geschehnisse von damals ebenso wenig verstrickt, wie die meine oder die uns folgenden. Ich sehe es heute sogar als etwas Glück, in den früheren Jahren mit dem Thema Tichlowitz weitestgehend unbeschwert umgegangen sein zu können.

Wenn es dort inzwischen auch Menschen gibt, die sich für die Geschichte interessieren, darf es als Zeichen der Hoffnung gesehen werden. Dennoch haben sich die Betroffenen in

Blatt 1 des Verzeichnisses vom 06.04.1946 - Übergabe des restlichen Eigentums meines Großvaters

ihren Gesprächen immer wieder gefragt, wie es sich in und mit fremdem Eigentum eigentlich lebt(e), von dem man wusste, dass es den rechtmäßigen Besitzern geraubt und gestohlen wurde? Meine Großmutter Adele pflegte den Spruch: „Unrecht Gut gedeihet nicht". Jein, möchte man darauf sagen, denn Unrecht gedeiht durchaus, wie der Blick in das Leben beweist.

Aber die Geschichte kennt auch andere Beispiele. Oder haben jene Menschen und ihre Nachkommen, die nach dem Krieg im Herzen Deutschlands um ihren Besitz gebracht wurden, auch nur eine Sekunde daran denken können, dass sie dich Dinge doch noch mal so grundsätzlich ändern könnten? Niemand ist vor Unrecht sicher, vor Recht allerdings auch nicht. Ja, es wurde Lastenausgleich gezahlt, natürlich von unserem Land, wie stets. Von wem sonst wäre eine solche Geste zu erwarten! Aber was ist Geld gegen den Verlust der Heimat und solchen Umständen? Es milderte, deshalb nannte man es wohl Lastenausgleich, finanzielle Lasten. Unrecht beseitigen konnte es nicht; eine strafrechtliche Bewertung der Taten ist ganz ausgeblieben – zumindest mir kein Fall einer solchen bekannt.

Ein Blick in die Tiefe des Leids offenbarte sich noch am Todestag meiner Mutter vor fünf Jahren, als sie mich in ihren letzten Worten fragte, ob ich nochmal „oben am Hörnl" gewesen sei und „dort alles in Ordnung" ist. Ihr waren in den letzten Stunden die Dinge zunehmend durcheinandergeraten – aber sogar das schwindende Bewusstsein hatte hier und heute durcheinandergeworfen und sie ein letztes Mal an den Ort ihrer Sehnsüchte zurückgeführt.

Was mich betrifft: inzwischen im siebten Dezennium stehend -ich werde da nicht wieder hinfahren.

NUR MEINEM VATER IST ES VERGÖNNT, IN SEINER HEIMAT ZU RUHEN; FÜR MEINE MUTTER UND IHRE ELTERN BLIEB ES IMMER FREMDE ERDE.

Hans-Jürgen Schaap
Gera-Thüringen

KLECKSELKUCHEN

ZUTATEN

Für den Hefeteig:

500 g Mehl

35 g Hefe

80 g Zucker

¼ Liter Milch, lauwarme

100 g Butter

1 Ei

1 Prise Salz

Für den Mohnbelag:

½ Liter Milch

1 Prise Salz

½ Zitronenschale

100 g Grieß

300 g Mohn, gemahlen

150 g Zucker

2 EL Honig

100 g Rosinen, kernlos

½ TL Zimt

2 cl Rum

Für den Quarkbelag:

250 g Quark

2 Eigelb

80 g Zucker

1 Pck. Vanillezucker

Für die Streusel:

200 g Mehl

100 g Zucker

100 g Butter

40 g Mandelstifte, zum Bestreuen

Mehl, zum Ausrollen

Butter, zum Einfetten

Außerdem:

250 g Pflaumenmus

1 EL Rum

Gesamtzeit: ca. 2 Stunden 25 Minuten

Mehl in eine Schüssel geben. In die Mitte eine Mulde drücken und die Hefe hineinbröckeln. Mit einem Teelöffel Zucker, etwas lauwarmer Milch und etwas Mehl zu einem Vorteig verrühren. Zugedeckt an einem warmen Ort 15 Min. gehen lassen. Danach den restlichen Zucker, die übrige Milch, Butter, Ei und Salz dazu geben.
Alles zu einem glatten Teig verkneten. Teig so lange schlagen, bis er sich vom Schüsselrand löst. Zugedeckt nochmals 30 Min. gehen lassen.

In der Zwischenzeit für den Mohnbelag Milch, Salz und abgeriebene Zitronenschale zum Kochen bringen. Grieß einrieseln lassen und bei schwacher Hitze 5 Min. ausquellen lassen. Vom Herd nehmen; gemahlenen Mohn, Zucker und Honig hineinrühren.
Rosinen mit kochendem Wasser überbrühen und auf einem Sieb abtropfen lassen. Rosinen, Zimt und Rum unter die Mohnmasse mischen. Für den Quarkbelag alle Zutaten verrühren. Pflaumenmus und Rum vermischen. Für die Streusel Mehl und Zucker mischen und das zerlassene Fett mit einer Gabel unter die Mehl-Zucker-Mischung rühren.

Ein großes Backblech einfetten und den auf Mehl ausgerollten Hefeteig darauflegen. Den Mohnbelag gleichmäßig darauf streichen. Die Quarkmasse und das Pflaumenmus abwechselnd in kleinen Klecksen darauf geben. Die Streusel darüber verteilen und die Mandelstifte darüber streuen. Alles nochmals 15 Min. gehen lassen und im vorgeheizten Ofen bei mittlerer Hitze ca. 35-40 Min. backen.

OBSTKUCHEN

ZUTATEN

Für den Teig:

200 g Butter

200 g Zucker

4 Eier, getrennt

250 g Mehl

3 EL Sauerrahm

1 Pck. Backpulver

evtl. Schnaps (Obstbrand)

Für den Belag:
(Topfenfülle)

2 Eier

150 g Zucker

60 g Butter

250 g Quark (Topfen)

1 Pck. Vanillezucker

1 kg Aprikosen oder anderes Obst nach Wahl

Für die Streusel:

60 g Butter

60 g Zucker

120 g Mehl

Für den Teig Butter und Zucker unter Zugabe der Eidotter schaumig schlagen. Mehl und Backpulver vermengen und unter die schaumige Masse rühren. Den Sauerrahm einrühren und zum Schluss das zu Schnee geschlagene Eiklar unterheben. Den Teig auf ein mit Backpapier ausgelegtes Backblech streichen.

Für die Topfenfülle die Eier mit dem Zucker, Vanillezucker und der Butter schaumig schlagen. Danach den Topfen unterrühren - je nach Geschmack einen Schuss Obstbrand, passend zum Belag beigeben. Die Masse auf den Teig streichen. Das Obst entkernen und zumindest halbieren. Die Topfenfülle damit ganzflächig belegen.

Für die Streusel die Butter mit dem Zucker und dem Mehl abbröseln und über das Obst streuen. Dann im heißen Backofen bei 170 °C Ober-/Unterhitze ca. 55 min. backen.

Tipp: Es ist empfehlenswert, den fertigen Obstkuchen mindestens 12 Std. ruhen zu lassen, oder am Vortag zuzubereiten.

Gesamtzeit:
ca. 1 Stunde
55 Minuten

TOPFENKUCHEN

ZUTATEN

Für den Knetteig:

200 g Mehl

75 g Zucker

75 g Margarine

1 Ei

½ Pck. Backpulver

Fett für die Form

Für die Füllung:

125 g Margarine

225 g Zucker

1 Beutel Vanillezucker

1 Beutel Vanillepuddingpulver

3 Eier

1 Becher Topfen (Quark), 500 g

1 Becher Saure Sahne, 200 g

1 Becher Süße Sahne, 200 g

Die Zutaten für den Knetteig in eine Schüssel geben, rasch zusammenkneten und zur Seite stellen. Für die Füllung Margarine, Zucker, Vanillezucker, Puddingpulver und Eier in einer Schüssel verrühren. Dann den Topfen und die saure Sahne untermischen. Die süße Sahne steif schlagen und unterheben. Den Backofen auf 180 °C Ober-/Unterhitze vorheizen. Den Knetteig in einer gefetteten 26er Springform auslegen, etwa 2 - 3 cm am Rand hochziehen. Nun die Füllung in die Form geben, glattstreichen und im heißen Backofen 1 Stunde backen.

Achtung: Den Kuchen erst nach dem völligen Erkalten aus der Form nehmen, da unmittelbar nach dem Herausnehmen aus dem Backofen die Konsistenz der Quarkmasse noch zu weich ist.

Gesamtzeit:
ca. 1 Stunde 30 Minuten

DICKE OBST-PFANNKUCHEN

ZUTATEN

250 g Mehl

75 g Zucker

3 Eier

2 Pck. Vanillinzucker

200 ml Milch

½ TL Salz

400 g Heidelbeeren

Zucker zum Bestreuen

Butter

Die Eigelbe vom Eiweiß trennen. Das Obst vorbereiten, die Beeren verlesen. Die Eigelbe mit Zucker, Vanillinzucker, Mehl, Milch und Salz zu einem glatten Teig verrühren. Die Eiweiße zu steifem Schnee schlagen. Zunächst die Heidelbeeren unter den Teig rühren, dann den Eischnee vorsichtig unterheben.

Fett in einer Pfanne zergehen lassen und dicke Pfannkuchen darin bei schwacher bis mittlerer Hitze goldbraun backen. Die Pfannkuchen auf einen Teller legen und mit Zucker bestreuen.

Tipp: Die Pfannkuchen nicht zu lange backen. Am besten schmecken sie, wenn sie innen noch schön weich sind.

KARTOFFELSUPPE MIT ERBSEN UND METTWÜRSTCHEN AUF MODERNE ART

ZUTATEN

800 g Kartoffeln

400 g Mettwürstchen

1 Stange Porree

200 g Sellerie

200 g Möhre

4 EL Öl

1 Liter Fleischbrühe

200 g Crème fraîche

300 g Erbsen, TK, feine

Petersilie

Schnittlauchröllchen

Die Kartoffeln schälen, waschen und würfeln. Lauch, Sellerie und Möhren putzen, waschen und klein schneiden. Die Würstchen in Scheiben schneiden. Gut ein Viertel der Kartoffeln und der Möhren beiseite stellen.

Zwei Esslöffel Öl erhitzen und die restlichen Kartoffeln sowie das Gemüse kurz darin anschwitzen. Mit Fleischbrühe ablöschen, zum Kochen bringen und 15 Minuten bei schwacher Hitze köcheln lassen. Danach die Suppe pürieren. Die beiseite gestellten Kartoffel- und Möhrenwürfel zugeben und die Suppe weitere 10 bis 15 Minuten kochen. 5 Minuten vor Ende der Garzeit die Erbsen zufügen. Die in Scheiben geschnittenen Würstchen im verbliebenen Öl anbraten und zur Suppe geben. Crème fraîche unterrühren und die Suppe mit Salz und Pfeffer abschmecken.

Vor dem Servieren mit fein gehackter Petersilie oder mit Schnittlauchröllchen bestreuen.

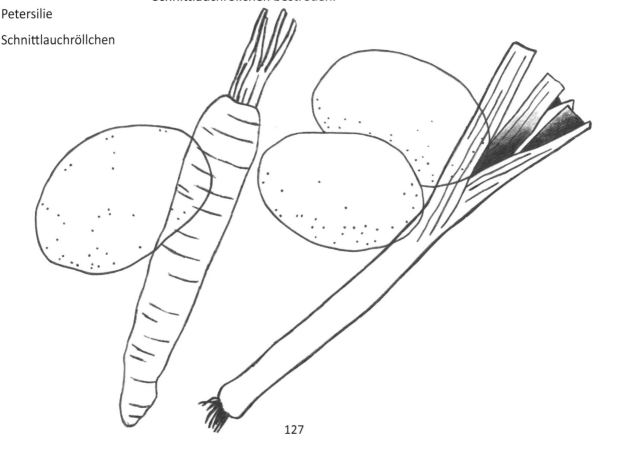

MARGARETHE ("GRETL") PASZTORI AUS TRÜBENZ

Im August 2023 besuchte ich das Ehepaar Pasztori im Sonneberger Neubaugebiet Wolkenrasen zum dritten Band zu Sudetendeutschen Familiengeschichten und Küchenrezepte. Die Direktorin der Sonneberger Grube-Schule, Frau Uta Bätz, hatte vom Entstehen eines dritten Bandes gehört und mir einen Besuch ihrer Tante Gretl ans Herz gelegt.

Frau Margarethe (Gretl) Pasztori, geborene Thiel, (*1935) ist mit ihrer Mutter und beiden Schwestern 1945 aus Trübenz, heute Březenec (Tschechien) vertrieben worden. Der Vater, aus dem Krieg gekommen, suchte seine Familie und 1946 konnte er sie in Wismar ausfindig machen. Durch die Hilfe von Vaters Kriegskameraden Erich Friedrich konnte die Familie Thiel in Judenbach bei Sonneberg eine neue Heimat finden. Ihr Mann Franz Pasztori mussten auch schon als Kind die bittere sowie schmerzliche Erfahrung aus den Ergebnissen des zweiten Weltkriegs machen. Von Gretl Pasztori habe ich sehr viel über den Heimatort Trübenz erfahren und umfangreiches Material ausgeliehen bekommen.

    Ich freue mich auf das „Kapitel über Margarethe Pasztori" im neuen Buch.

    In unserem fast dreistündigen Gespräch kam immer wieder von beiden die Sorge durch, nur nie wieder einen Krieg! Mit äußerster Besorgnis beobachten beide das aktuelle Weltgeschehen und haben die eigene Vergangenheit dabei nicht vergessen.

Fasziniert war ich vom späteren Lebensweg der beiden. Margarethe Pasztori war bis zum Renteneintritt eine beliebte Lehrerin an der Sonneberger Oberschule. Franz Pasztori (*1937) war Chef vom Sonneberger Kohlehandel und dann im Rat der Stadt Sonneberg tätig. Beide freuen sich über jeden Tag, wo sich gesundheitliche „Zipperleins" nicht zu stark melden und genießen, dass Kinder und Enkel einen guten Lebensweg in Frieden gehen können.

Trübenz war ein Dorf, im Landkreis Sternberg gelegen, welches vor dem Vertrag von Saint-Germain (1919) zu Österreich-Ungarn gehörte und im Verwaltungsgebiet Littau lag. Ganz in der Nähe liegen die Dörfer Pinkaute und Ruda. Heute heißt der Ort Březenec, hat etwas mehr als 300 Einwohner und gehört zur Tschechischen Republik. Die Entfernung von Sonneberg nach Trübenz (Březenec) ist 550 Kilometer, das etwa ca. 7 Stunden Autofahrt bedeutet.

Der deutsche Landkreis Sternberg bestand in der Zeit zwischen 1938 und 1945. Er umfasste am 1. Januar 1945 zwei Städte und 57 weitere Gemeinden. Vor dem Münchner Abkommen vom 29. September 1938 gehörte der politische Bezirk Sternberg zur Tschechoslowakei. In der Zeit vom 1. bis 10. Oktober 1938 besetzten deutsche Truppen das überwiegend deutschsprachige Sudetenland. Er umfasste die Gerichtsbezirke Mährisch-Neustadt und Sternberg, jeweils bis zur neuen Reichsgrenze. Seit dem 20. November 1938 führte der politische Bezirk Sternberg die Bezeichnung Landkreis. Er unterstand bis zu diesem Tage dem Oberbefehlshaber des Heeres, Generaloberst Walther von Brauchitsch, als Militärverwaltungschef.

Am 21. November wurde das Gebiet des Landkreises Sternberg förmlich in das Deutsche Reich eingegliedert und kam zum Verwaltungsbezirk der Sudetendeutschen Gebiete unter dem Reichskommissar Konrad Henlein. Ab dem 15. April 1939 galt das Gesetz über den Aufbau der Verwaltung im Reichsgau Sudetenland (Sudetengaugesetz). Danach kam der Landkreis Sternberg zum Reichsgau Sudetenland und wurde dem neuen Regierungsbezirk Troppau zugeteilt. Zum 1. Mai 1939 wurde eine Neugliederung der teilweise zerschnittenen Kreise im Sudetenland verfügt. Danach blieb der Landkreis Sternberg in seinen bisherigen Grenzen erhalten. Vom Landkreis Littau erhielt er den Gerichtsbezirk Littau. Bei diesem Zustand blieb es bis zum Ende des Zweiten Weltkriegs.
Seit 1945 gehörte das Gebiet zunächst wieder zur Tschechoslowakei. Heute ist es ein Teil der Tschechischen Republik. Die nächstgrößere Stadt von Trübenz entfernt ist Mährisch-Neustadt.

Der Vater hieß Johann Thiel (1910 –1986) und war ein Uhrmacher in Trübenz.
Die Mutter hieß Sophie, geb. Schneider (1914–1985), von Beruf Postangestellte Trübenz.
Die Großeltern mütterlicherseits hießen Franz und Emilia Schneider und besaßen eine Bauernwirtschaft in Trübenz
Die Großeltern väterlicherseits, Johann und Maria Thiel führten eine Tischlerei in Trübenz

DIE KINDER DER FAMILIE JOHANN UND SOPHIE THIEL

- Margarethe, genannt Gretl, - geb.1935, Lehrerin in Sonneberg
- Ingrid, geb. 1939, Medizinisch -Technische Assistentin am Sonneberger Krankenhaus
- Margit, geb.1942 Lehrerin in Wermelskirchen
- Wilfried, geb.1951, Lehrer in Berlin.

1951 im Garten in Judenbach. Die Eltern mit den Kindern Ingrid, Margarethe, Margit und Wilfried

Gretl und Franz (Ehemann von Gretl) sagen selbst, sie haben ein erfülltes Leben gehabt und freuen sich über jeden Tag, der noch in Frieden kommt.

Auf die eigenen Kinder sind beide sehr stolz und freuen sich, dass die Enkel auch ihren guten Weg ins Leben gefunden haben.

Sie sagen heute, dass sie stets Wert auf sportliche Betätigung ihrer Kinder gelegt und auf deren interessante Freizeitbeschäftigung geachtet haben.

Gretls Handarbeiten sind in mehreren Bildern der Wohnung zu bestaunen. Dieses Bild hat ihr Onkel Franz gemalt, es das Elternhaus der Margarethe Pasztori.

Handarbeiten sind ihr großes Hobby. Und Franz? Der ist oft im Kleingarten, nahe der Hönbacher Gärtnerei und liebt das Autofahren. Beide sind besorgt über die politische Entwicklung in Deutschland und haben Angst vor einem neuen Weltkrieg. Schmerzliche Erfahrungen und der Verlust der schönen Kindheit in der Heimat haben beide zu der Erkenntnis gebracht: Nie wieder einen Krieg!

Mit Frau Gretl Pasztori unterhielt ich mich lange über ihre Erinnerungen an die Vertreibung. Die Sudetendeutschen, auch Deutschböhmen und Deutschmährer sowie die Sudetenschlesier genannt, wurden 1945/1946 unter Androhung und Anwendung von Gewalt zum Verlassen ihrer Heimat gezwungen. Nach dem Beneš-Dekret 108 vom 25. Oktober 1945 wurde das gesamte bewegliche und unbewegliche Vermögen (Immobilien und Vermögensrechte) der deutschen Einwohner konfisziert und unter staatliche Verwaltung gestellt.

Es ist bis heute eines der kontroversesten Themen in der tschechisch-deutschen Geschichte. In Tschechien ist vom „Odsun" die Rede, also von der Abschiebung der deutschsprachigen Bevölkerung. In Deutschland und Österreich heißt es Vertreibung. Vor 80 Jahren begann der sogenannte „organisierte Transfer" der deutschsprachigen Bevölkerung aus der Tschechoslowakei. Bis Herbst 1946 waren die meisten Deutschböhmen und Deutschmährer ausgesiedelt.

Sie legte mir Dokumente vor, wo Zeitzeugen ihre Erlebnisse beschrieben haben. Selbst weiß sie noch ganz genau, dass die Russen am 5.Mai 1945 in Trübenz einmarschierten. Zuvor hatten sie einen Zug, der vollgepackt mit Flüchtlingen war, in Brand geschossen. Der Kanonendonner war in der ganzen Umgebung zu hören. Das Bild war geprägt von fliehenden Menschenmassen. Verängstigte junge Mütter mit kleinen Kindern, alten Männern und vollgepackten Leiterwagen gezogen von abgemagerten, lahmenden Pferden und Kühen.

Am Abend kamen sie ins Dorf. Betrunkene, sich wild gebärende und johlende russische Soldaten. Schwerbewaffnet rückten sie in alle Häuser ein und durchsuchten alles. Besonders begehrt waren Radios, Uhren und Familienbilder, auf denen die Männer in Uniformen waren. Der vorgeschobene Grund war, man suche deutsche Soldaten.

Der Vater war noch im Krieg. Alles wurde genommen und es war besser zu schweigen. Bis in den anderen Morgen schallten im Dorf die verzweifelten Hilferufe von geschändeten Frauen und Mädchen. In den Nachbarorten wurden Menschen einfach erschossen, wenn diese geringen Widerstand gegen die Wegnahme von ihrem Eigentum zeigten. Es genügte schon ein Flehen, es nicht zu nehmen.

Schon sehr bald trat der nationale tschechische Volksausschuss im Dorf in Aktion. Ab sofort ging von diesem Gremium jegliche persönliche Gewalt aus. Außerdem waren sie willige Handlanger der neuen Prager Regierung und setzten deren Maßgaben sofort um.

Der sofort abgesetzte Bürgermeister Alois Marschall, sein Stellvertreter Ernst Rabenseifner und der beliebte Lehrer Oskar Ludwig wurden verhaftet und wie Schwerverbrecher gefesselt durchs Dorf getrieben. Umringt von johlenden, bewaffneten Tschechen. Die drei kamen in das Internierungslager Hodolein bei Olmütz. Blutige Prügeleien durch das tschechische Wachpersonal, Hunger und Durst und tägliche Demütigungen schwächte die Gesundheit der drei Männer. Ein Jahr später wurden sie erlöst, ihre Zwangsaussiedlung wurde vollstreckt. Keiner der drei erreichte dann ein höheres Lebensalter, die Leiden, die sie sich im Internierungslager zugezogen hatten, raffte sie alle drei bald dahin.

Auch in Trübenz gingen viele Menschen, nicht mehr aus dem Haus. So fiel es nicht auf, dass man den einen oder die andere schon lange nicht gesehen hatte. So das alte Ehepaar Schöngartner, sie hatten sich das Leben genommen. Auch das Ehepaar Eduard und Marie Bracharz nahm sich am 16.November 1945 das Leben.

Für so manche Familie begann aber ein Martyrium der Rache von einer besonderen Trübenzerin. Die „Russin" eine Frau, die der Trübenzer Franz Habermann nach dem ersten Weltkrieg in Russland geheiratet hatte. Niemand hatte ihr je ein Haar gekrümmt. Jetzt spielte sie sich als Herrscherin von Trübenz auf und verriet den russischen Soldaten die heimlichen Verstecke der jungen verängstigten Mädchen. Wo immer sie auch auftauchte, verbreitete sie Angst und Schrecken.

Der schwarze Freitag kam, der 16.November 1945. Morgens 7 Uhr wurden über 100 Menschen des Dorfes verwiesen. Erlaubt war nur Handgebäck, Mundvorrat und mehr nicht. Wachposten standen überall in den Häusern und passten auf, dass niemand Wertvolles mitnehmen konnte oder gar versteckte. So auch das Ehepaar Josef und Maria Thiel, der Onkel von Gretl Pasztori, väterlicherseits und die Mutter Sophie mit ihren Kindern Gretl, Ingrid und Margit. In Markersdorf wurden alle in Viehwaggons gepfercht und der Zug fuhr in Richtung Olmütz. In einem Lager in Weisswasser wurden die Waggons nach sehr langer Fahrt entladen (Bílá Voda, deutsch Weißwasser, ist eine Gemeinde Kreis Freiwaldau in Tschechien).

Viele der Lagerinsassen mussten bei umliegenden Bauern, Ziegeleien und anderen Arbeitsbereichen Hilfsarbeiten leisten.

Im Sommer 1946 wurde das Lager geräumt und man schob die Lagerinsassen in die russische Besatzungszone ab. Die Familie kam an die Ostseeküste nach Wismar. Hier fanden die meisten Trübenzer Dorfbewohner ihre zweite Heimat. Und hier konnte sie auch der Vater finden und holten sie nach Thüringen nach Judenbach, ein kleines Dorf bei Sonneberg.

Die Dokumente, die mir Gretl Pasztori geliehen hatte, waren sehr aufschlussreich. Hier genaueres über Trübenz aus den Aufzeichnungen von Dr. Willi Marschall, geschrieben von Herrn Robert Zerhau.

„Das Dorf Trübenz bestand 1930 aus 360 Einwohnern, davon 350 deutsch, 9 Tschechen und eine Russin. 1945 waren es 386 Deutsche, 50 Tschechen und eine Russin. Es gab eine Autobusverbindung ins 12 km entfernte Neustadt/Mähren. Das Dorf hatte ein Ausmaß von 640 Hektar und wurde vorwiegend landwirtschaftlich genutzt. Es gab vier Kaufläden, drei Gasthäuser, eine Mühle, eine Bäckerei und eine Fleischerei. Ein Uhrmachermeister, der Vater von Frau Gretl, eine große Schneiderei, zwei Tischlereien (einer war Gretl´s Großvater väterlicherseits). Zwei Obsthändler, zwei Schmiedewerkstätten, ein Sägewerk, eine Gärtnerei. 23 landwirtschaftliche Betriebe unter anderem die Großeltern von Gretl mütterlicherseits. 100 Hausnummern gab es und jedes Haus hatte einen eigenen Brunnen. Eine Volksschule war auch im Ort. Die Gemeinde besaß ein Freibad und einen Sportplatz. Das Kirchspiel war Schönwald (römisch – katholisch). Sogar eine eigene Leihbücherei gehörte zur Gemeinde. In der Herbstzeit bis zum Frühjahr wurden Theaterstücke einstudiert und auch aufgeführt. Eine eigene freiwillige Feuerwehr gab es auch und an jedem 4. Mai war Dorffest zu Ehren des heiligen Florian, dem Schutzpatron der Feuerwehrleute."

Bleistiftzeichnung von Franz Schneider: Hinter der Kirche, die einstige Schule, dann Kindergarten im Ort.

DER LEGENDÄRE KARTOFFELGULASCH

ZUTATEN

8 Stk. Kartoffeln (mittelgroß)

2 Stk. Zwiebel

2 Stk. Knoblauchzehe

2 EL Butter (oder Margarine)

2 EL Paprikapulver (edelsüß)

400 ml Gemüsebrühe (Instant)

1 TL Kümmel

1 Prise Majoran

1 Prise Salz

1 Prise Pfeffer

1 Stk. Lorbeerblatt

2 EL Mehl

2 EL Sauerrahm

1 EL Tomatenmark

2 Paar Wiener Würstchen

Für das Kartoffelgulasch zuerst in einen Topf die Butter geben und darin den geschälten und fein geschnittenen Zwiebeln kurz anbraten und den gepressten Knoblauch (Knoblauchpresse) hinzufügen. Das Paprikapulver zufügen und sofort mit Gemüsebrühe aufgießen.

Die Kartoffeln schälen und würfelig schneiden. Dann in den Topf dazugeben. Kümmel, Salz, Pfeffer, Lorbeerblatt, Majoran zufügen, gut verrühren und solange köcheln bis die Kartoffeln gar (bissfest) sind. In einer Schüssel Sauerrahm mit dem Mehl gut verquirlen. Damit keine Klumpen entstehen, kann man vom Gulasch etwas Saft zufügen, alles gut verrühren und in das köchelnde Kartoffelgulasch geben. Nochmals kurz aufkochen lassen. Es wird daraus eine dickliche Masse. Nach Wunsch Tomatenmark zufügen und verrühren.

Zum Schluss die Wiener Würstchen in kleine Scheiben schneiden und hineinrühren. Alles kräftig mit Salz und Pfeffer abschmecken. Das Lorbeerblatt entfernen und heiß servieren.

HASENBRATEN NACH TRÜBENZER ART

ZUTATEN FÜR 4 PERSONEN

1 Hase oder Kaninchen (frisch) oder tiefgekühlt

Margarine

2 Becher saure Sahne

Salz und Pfeffer

Als erstes den Hasen zerteilen, evtl. feine Haare gründlich abwaschen und sehr gründlich trockentupfen. Nun mit der Knoblauchzehe abreiben und kräftig mit Salz und Pfeffer würzen. In einer beschichteten Pfanne ausreichend Margarine erhitzen. Wenn die Margarine heiß ist, die gewürzten Hasenteile anbraten. Dabei immer darauf achten, dass genügend Fett in der Pfanne ist, damit der Braten nicht verbrennt! Den Hasen so lang braten lassen, bis er schön braun ist. Nun Wasser angießen und damit den Bratensatz am Pfannenboden lösen. Das Wasser immer wieder verkochen lassen, bis sich der Bratensatz in eine schöne dunkle Soße verwandelt hat. Nun nochmals zusätzlich Wasser angießen und den Braten mit einem Deckel abdecken. Bei mittlerer Hitze schmoren lassen, bis der Hase weich ist. Jetzt die Soße mit der sauren Sahne verrühren. Anschließend den Hasen in der fertigen Soße langsam erhitzen.

Ein Tipp von Gretl Pasztori: Man sollte sich genügend Zeit nehmen, damit der Hase richtig weich wird! Mit Semmelknödeln ist der Hasenbraten einfach himmlisch!

SEMMELKNÖDEL NACH ART VON GRETL PASZTORI

ZUTATEN FÜR 4 PERSONEN

6 Brötchen, altbackene (Semmeln)

3 EL Petersilie, gehackte

10 g Butter

1 Zwiebel, fein gehackt

250 ml Milch

3 Eier

Salz und Pfeffer, aus der Mühle

evtl. Semmelbrösel zum Binden

Die Brötchen in kleine Würfel oder in dünne Scheiben schneiden. Die gehackte Petersilie und die Zwiebel in der Butter ganz kurz anschwitzen, aber keine Farbe nehmen lassen, dann mit den Brötchenwürfeln mischen. Die Milch bis kurz vorm Kochen erhitzen und über die Brotwürfel gießen. Etwa 10 Minuten quellen lassen.

Die mit Salz und Pfeffer verquirlten Eier dazugeben und alles zu einem nicht zu festen Teig verrühren. Sollte der Teig doch zu weich sein, etwas Semmelbrösel einrühren, kein Mehl verwenden. Mit nassen Händen tennisballgroße Knödel formen und in der siedenden, aber nicht sprudelnd kochenden Flüssigkeit (Salzwasser) in 20 Minuten gar ziehen lassen, bis sie nach oben steigen.

Ein Tipp von Gretl Pasztori: Semmelknödel gibt es bei ihr überall zu Gulasch, Schweinebraten oder auch geschmorten Pilzen.

PFLAUMENKNÖDEL

ZUTATEN FÜR 4 PERSONEN

750 g Kartoffeln mehlig

2 Eier

1 Prise Salz

300 g Mehl

32 Zwetschgen

100 g Butter

Zucker zum Bestreuen

Die Kartoffeln schon am Vorabend schälen und mit wenig Salz 20 Minuten garen, abgießen und sofort durch die Kartoffel-Presse quetschen. Über die heißen Kartoffeln ein sauberes Küchentuch legen und dann bis zum nächsten Morgen an einen kühlen Ort stellen.

Die Eier, eine Prise Salz und das Mehl unter die Kartoffeln arbeiten. Wenn der Teig noch zu sehr klebt, etwas mehr Mehl hineinkneten. Den glatten Teig noch etwa 10 Minuten ruhen lassen.

In dieser Zeit die Zwetschgen waschen und entkernen. Den Klößel-Teig in 32 Stücke teilen, in jedes Teil eine Pflaume geben, festdrücken und zu einem schönen runden Kloß rollen. Dabei mit den Händen immer wieder in etwas Mehl greifen.

Die Klöße in ganz leicht gesalzenem Wasser etwa 15 bis 20 Minuten garziehen lassen, dabei den Deckel nur halb auf den Topf setzen. In dieser Zeit die Butter ausbraten, und wenn sie zu bräunen beginnt, schnell auf ein nasses Tuch setzen, damit sie nicht mehr nachbräunen kann.

Die Klöße nach der Garzeit kurz mit kaltem Wasser abschrecken. Mit einer Schaumkelle in eine Schüssel heben. Auf dem Teller werden sie einmal angeschnitten, mit einem Löffel Butter beträufelt und nach Belieben kann etwas Zucker in die Mitte gegeben werden.

Ein Tipp von Frau Gretl Pasztori: Zwetschgen bzw. Pflaumen, die am Boden liegen, sind zuckersüß und geben einen besseren Geschmack, Man muss natürlich erst nach Maden schauen und diese entfernen.

MOHNKNÖDEL

ZUTATEN FÜR 4 PERSONEN

500g Kartoffel

1 Ei

1 EL flüssige Butter

250 g Mehl

1 Prise Salz

6 EL Butter für die Brösel

8 EL Semmelbrösel

Zutaten für die Fülle:

80 g Butter

250 g gemahlener Graumohn

2 EL Zucker

1 Pk. Vanillezucker

2 EL Pflaumenmus (Powidl)

2 EL Rum

1 Prise Zimt

Die gekochten Kartoffeln schälen und durch die Kartoffelpresse drücken, mit Mehl, flüssige Butter, Ei und Salz zu einem Teig kneten.

Für die Fülle die Butter zergehen lassen, mit Graumohn, Zucker, Vanillezucker, Powidl, Rum und Zimt vermengen. Den Teig in 12 Teile teilen, flachdrücken, mit der Mohnfülle füllen und zu Knödeln formen. In Salzwasser etwa 8 Minuten kochen. Semmelbrösel und Butter goldgelb rösten und die Knödel darin wälzen.

EMILIE VON MEINDEL AUS TAUS

Im April 2023 besuchte ich Frau Gerda Meindel in Gera. Die Ur-Großmutter ihres Mannes war neben der Leiterin der Sonneberger Kochschule Hedwig Kost in Thüringen die bekannteste Lehrerin im Bereich Hauswirtschaftsschulen von 1910-1920.

Emilie von Meindel wurde am 7.Februar 1877 als einziges Kind des Ehepaares Friedrich-Wilhelm von Meindel (1842-1901) und seiner Ehefrau Eleonore, geborene von Malz (1856-1899) in Wien geboren.

Der Vater war Mitarbeiter der kaiserlichen Hofschatulle im Range eines zweiten Hofmeisters in der Abteilung Obersthofmeister. Er war verantwortlich für die Vergabe der Titel „Hoflieferanten". Vor 1867, als die Doppelmonarchie gegründet wurde, hieß ein Unternehmen Hoflieferant (kaiserlich-königlicher Hoflieferant) beziehungsweise nur kaiserlicher Hoflieferant.
Ein Unternehmen erhielt den Titel nur, wenn es in seiner Branche in der Qualität führend war. Der Titel k.u.k. Hoflieferant war also ein Gütesiegel der „allerhöchsten" Klasse, die höchste Auszeichnung, die ein Geschäft damals erlangen konnte.

Hochzeitsgesellschaft Frauenschule Löbichauch im Jahr 1911

In der Blütezeit von Österreich-Ungarn gab es allein in Wien mehr als 500 Hoflieferanten, weitere in Bad Ischl, Budapest, Karlsbad, Prag und andere Städte. Die Gesamtzahl aller Unternehmen wird auf 2.500 geschätzt. Bis heute existieren eine Reihe von Unternehmen und Betriebe, die diesen Titel behalten haben und auch offen führen, in Wien sind es noch etwa zwei Dutzend.

Emilie wurde von einer Hauslehrerin zusammen mit anderen Kindern unterrichtet, deren Väter in gehobenen Positionen am k.u.k Hof beschäftigt waren und besuchte von 1895 bis 1898 die damals berühmte Hauswirtschaftsschule der Deutschen Adelsgenossenschaft in Berlin.

Ab 1899 bis 1923 war sie dann Lehrerin an der Frauenschule in Löbichau bei Altenburg. Die Adelsgenossenschaft war Betreiber dieser Schule in Löbichau. Diese war dem Reifensteiner Frauenverband seit 1908 angeschlossen. Die D.A.G. vergab neben der Gründerin Ida von Kortzfleisch auch Stipendien für die Reifensteiner Schulen allgemein. Der Reifensteiner Verband, bei dem adelige Familien eine wesentliche Rolle spielten, war Mitglied im liberalen Bund deutscher Frauenvereine. Vom Kaiser Wilhelm dem Zweiten wurde persönlich der Reifensteiner Verband mit allen erdenklichen Priviligien ausgestattet.

1908 lernte Emilie von Meindel bei einem Hoffest von Herzog Ernst dem Zweiten von Sachsen-Altenburg in Altenburg den gleichaltrigen Reichswehrleutnant Berthold von Burg kennen. Eine langanhaltende Freundschaft entstand und 1910 verlobten sich die beiden.

1913 wurde Friedrich von Meindel, der Großvater von Gerda Meindel in Löbichau geboren. Mit Ausbruch des Ersten Weltkriegs wurde das 8. Thüringischen Infanterie-Regiment Nr. 153, das als Teil des IV. Armee-Korps an der Westfront eingesetzt mit Hauptmann Berthold von Burg als Zugführer. Am 20. August 1914 wurde er während Kampfhandlungen unweit von Saarburg von einer Granate tödlich getroffen. Zwei Tage nach der Geburt seines Sohnes Friedrich.

1930 konnte Emilie von Meindel mit ihrem Sohn Friedrich nach Gera umziehen. Die Schule wurde aus Geldmangel geschlossen und in Gera fand die Hauswirtschaftslehrerin eine geeignete Stelle an der Handelsschule Amthor. Zu diesem Zeitpunkt wurde auch die berufliche Zusammenarbeit mit der Sonneberger Kochschule der Frau Hedwig Kost wieder aktiv betrieben.

1934 bekam Friedrich von Meindel nach Studium ein Diplom der Münchener Verwaltungsfachschule und wurde 1935 in Taus (Domažlice) als Berater der deutschstämmigen Bevölkerung eingesetzt. Im gleichen Jahr übernahm seine Mutter, die Leitung der deutschen Hauswirtschaftsschule in Taus. Sie gab auch Unterricht in Hinsicht Ernährung und praktischen Kochen. Sofort begann sie ein Buch über die Deutsch-Tschechische Küche zu schreiben. Aus diesem Buch sind die nachfolgenden Rezepte.

1939 holte die Stadtverwaltung Gera Emilie von Meindel nach Gera zurück. Sie arbeitete bis 1948 in Versorgungseinrichtungen für die Bevölkerung. 1940 heiratete Friedrich von Meindel die Tschechin Viera Hornakova (1915-1947) gegen den Willen seiner Vorgesetzten. Die Tochter Gerda wurde 1941 in Taus geboren. Er musste den Dienst quittieren und wurde sofort einberufen. Er ist bei Kampfhandlungen vor Stalingrad gefallen. Die Großmutter Emilie von Meindel

holte 1943 die Enkeltochter Gerda Meindel nach Gera. Ihre Mutter Viera Meindel (den Adelstitel durfte sie nicht mehr führen) verstarb 1947 an Typhus. Sie war nach Einmarsch der Russen sofort in ein Arbeitslager im Donezbecken verschickt worden und musste mit vielen Deutschstämmigen Frauen unter Tage Erz abbauen. Gerda Meindel besuchte in Gera die Volksschule und begann eine Lehre als Buchhalterin. Bis zur Rente 2007 arbeitete sie bei einem Geraer Wohnungsunternehmen. Heute fährt sie ab und zu mit ihrem Lebensgefährten in ihren Geburtsort Taus nach Tschechien.

Die Kochkurse von Hedwig Kost waren weit über Sonneberg hinaus bekannt. Das bekannte Kochbuch gliedert sich in Haushaltsführung, Nahrungsmittellehre, Kochanweisung, Küchenzettel und Speisefolge. Man findet nicht nur Rezepte für den bürgerlichen Tisch, sondern auch Rezepte für Gesellschaftsessen mit Suppe, Vorgericht, Mittelgericht/kaltes Mittelgericht, Erster Bratengang, Gemüsegang, Zweiter Bratengang, Nachspeise und Früchte und Naschwerk.

Der Kunst des Deckens des Esstisches nach Zahl der Gänge und der Art des Menüs wird ebenso ein Kapitel gewidmet. Das Kochbuch ist in vielen Haushalten zu finden und heute noch gefragt, 1990 nachgedruckt ist es in zweiter Auflage erhältlich.

Emilie von Meindel (1877-1959)

ZUR PERSON HEDWIG KOST, DER ENGEN FREUNDIN VON EMILIE VON MEINDEL

- 1871 in Steinach als Tochter des Amtsassistenten und Verwalters des Herzoglichen Eisenwerkes Erich Kost geboren
- der Vater wird nach Sonneberg versetzt
- Schulbesuch, Lyzeum (Heute Geschwister Scholl Schule)
- Lehrerin an der städtischen Kochschule
- 1907 Neubau des Wohnhauses Schießhausstraße 9, Eröffnung der privaten Kochschule, große Hilfe durch Emilie von Meindel
- 1914 das über 300seitige „Kochbuch" erscheint, Korrekturlesen durch Emilie von Meindel
- 1929 Neubau des Wohnhauses Lutherhausweg 29, Einrichtung einer privaten Kochschule, Leiterin der Kochschule
- 1935 fünfte Auflage des „Kochbuches"
- 1949 in Sonneberg verstorben

DIE STADT TAUS BEFINDET SICH IM GEBIET DER CHODEN IN DER TSCHECHISCHEN REPUBLIK. EIN KLEINER AUSFLUG IN DIE GESCHICHTE.

Die Choden (tschechisch Chodové) sind Angehörige einer tschechischen Volksgruppe, die um die westböhmische Stadt Domazlice (Taus) ansässig ist. Das Gebiet liegt zwischen Pilsen und der Grenze zur Oberpfalz, zu Niederbayern und dem Egerland. Die Volksgruppe der Choden hat sich seit dem Hochmittelalter dort niedergelassen. Sie Sprache unterscheidet sich von der tschechischen Sprache.

Die Choden waren weitgehend bäuerlichen Standes. Von der Funktion als Grenzwächter stammt die heutige Bezeichnung der Volksgruppe der Choden. Chodit bedeutet gehen insbesondere im Sinne von patrouillieren.

Im 19. Jahrhundert war Taus (Domažlice) neben Tabor in Südböhmen ein Zentrum der tschechischen Nationalen Wiedergeburt. Es gehörte bis zum Ende des Ersten Weltkriegs 1918 Teil Österreich-Ungarns. Nach dem Zerfall der Doppelmonarchie gehörte es zur Tschechoslowakei und von 1939 bis 1945 zum Protektorat Böhmen und Mähren. Anders als in den nördlich und südlich gelegenen Grenzregionen der Tschechoslowakei bildeten tschechische Muttersprachler in Taus traditionell eine Mehrheit.

Am 13. August 1939 fand in Taus eine Kundgebung statt, die sich zu einer großen Protestdemonstration gegen die Besetzung durch die Truppen des Deutschen Reiches entwickelte. Bis heute lebt in der Stadt im tschechischen Nationalbewusstsein die Erinnerung an diesen Widerstand.

Im Mai 1945 wurden die Region und die Stadt von US-amerikanischen Truppen befreit.

Nach dem Ende des Zweiten Weltkrieges kam es in Domažlice und der Umgebung beim Beginn der Vertreibung der Deutschen aus der Tschechoslowakei, legalisiert durch die Beneš-Dekrete, zu schweren Ausschreitungen von tschechischsprachigen Personengruppen gegen die deutsche Bevölkerung mit Dutzenden von Todesfällen. Im Juli 2005 wurde zwischen Draženov (Trasenau) und Domažlice (Taus) ein Massengrab mit Leichen von 54 Deutschen, überwiegend SA-Angehörigen gefunden. Über den Hintergrund ihres Todes ist nichts bekannt.

SAUERKRAUTSUPPE MIT SAHNE

ZUTATEN FÜR 4 PORTIONEN

600 g Sauerkraut (aus der Dose oder Packung)

1 große Gemüsezwiebel

2 – 3 Knoblauchzehen

1 EL Rapsöl

100 g Schinkenwürfel

3 EL Tomatenmark

1 TL Weizenmehl (Typ 605)

1,40 L Gemüsebrühe auch Instant-Brühe)

2 - 3 TL Paprikapulver edel süß

½ Bd. frischer Schnittlauch

100 g Saure Sahne

Pfeffer, gemahlen nach Geschmack!

8 Scheiben Vollkornbrot

Sauerkraut auf ein Sieb abgießen und etwas abtropfen lassen bzw. leicht ausdrücken. Mit einem Messer etwas kleiner schneiden. Gemüsezwiebel schälen, fein würfeln. Knoblauch abziehen, fein hacken.

Öl in einem weiten großen Topf erhitzen. Zwiebelwürfel, Knoblauch und Schinkenwürfel darin 2–3 Minuten andünsten, Tomatenmark hinzufügen und kurz anrösten. Mit 1 TL Mehl bestäuben und anschließend mit der Gemüsebrühe ablöschen. Sauerkraut und Paprikapulver hinzufügen, einmal aufkochen und bei kleiner Hitze zugedeckt ca. 15 Minuten köcheln lassen. In der Zwischenzeit den Schnittlauch abbrausen, trockenschütteln, in feine Röllchen schneiden. 4 TL Saure Sahne für die Dekoration beiseite stellen, übrige Saure Sahne in die Suppe geben. Suppe fein pürieren und mit Pfeffer abschmecken.

Heiße Suppe auf Teller verteilen, mit saurer Sahne und Schnittlauch dekorieren. Mit Vollkornbrot servieren.

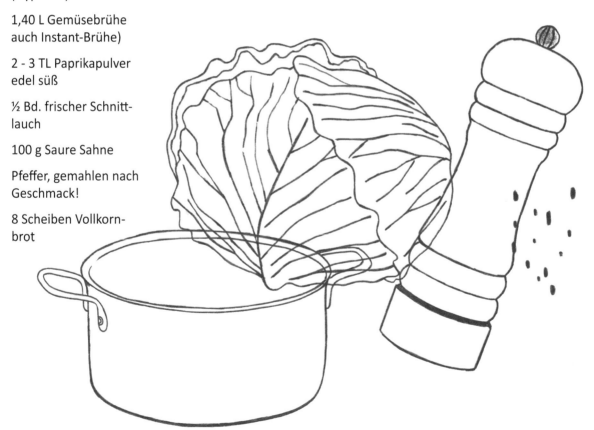

SCHWAMMERLKUCHEN MIT KARTOFFELN

ZUTATEN FÜR 8 STÜCK

1 kg Steinpilze

80 ml Olivenöl

250 g Schmand

4 Eier

Salz Weißer Pfeffer nach Geschmack

1/2 Knoblauchzehe (geschält und in feine Würfel geschnitten)

50 g Butter

5 Stängel Blattpetersilie (fein geschnitten)

1 Zitrone

500 g Kartoffeln, geschält und in ca. 2 mm dicke Scheiben gehobelt

2 weiße Zwiebeln, in Streifen geschnitten

300 ml Milch

100 ml Schlagsahne

600 g Blätterteig TK

(Form ø 26 cm, mit 5–6 cm hohem Rand)

Pilze putzen, größere Pilze halbieren oder vierteln. In mehreren Gängen in großer Pfanne mit Olivenöl anbraten. Angebratene Pilze in eine Schüssel geben. Den Schmand mit den Eiern mit einem Schneebesen verrühren, sodass eine Masse entsteht. Mit Salz und weißem Pfeffer würzen, das Ganze auf die Pilze geben und verrühren. Mit Petersilie und eventuell einem Spritzer Zitronensaft verfeinern. Kartoffelscheiben, Zwiebel und Knoblauch kurz in einem Topf mit etwas Butter andünsten. Mit Milch und Sahne aufgießen und zirka 5 bis 6 Minuten garen. Dann das Ganze mit Salz und Pfeffer abschmecken und vom Herd nehmen. Backofen auf ca. 200 Grad vorheizen. Die angegebene Form mit dem dünn ausgerollten Blätterteig auslegen und mit einer Gabel den Boden perforieren, sodass beim Backen keine Blasen entstehen können. Zuerst die Kartoffelmasse einfüllen und in der Form verteilen, dann die Pilzmasse darauf geben. Im vorgeheizten Backofen etwa 20 bis 25 Minuten backen und dann die Hitze auf 150 Grad reduzieren. Noch einmal etwa 25 bis 30 Minuten lang fertig backen.

TAUSER PILZSOSSE

ZUTATEN FÜR 4 PERSONEN

2 Zwiebeln

500 g Pilze

4 EL Mehl

500 ml Milch

1 TL Paprikapulver

2 EL Öl

1 Bund Petersilie

Salz und Pfeffer

Für die Pilzsoße zuerst die Pilze putzen und halbieren. Zwiebeln schälen und fein hacken. Das Öl in einem Topf erhitzen und die Zwiebel glasig dünsten. Die Pilze zugeben und kurz mitbraten. Mit Mehl bestäuben und mit der Milch ablöschen. Mit Salz, Pfeffer und Paprikapulver würzen und die Sauce bis zur gewünschten Konsistenz einkochen lassen.
In der Zwischenzeit Petersilie waschen, abtropfen lassen und fein hacken. Vor dem Servieren in die Sauce untermengen.
Diese Pilzsoße passt sehr gut zu Semmelknödeln und Spätzle.

TAUSER KRAUTSPATZEN

ZUTATEN FÜR 4 PERSONEN

250 ml Milch

5 Eier

500 g Mehl

1 Zwiebel

2 Zehen Knoblauch

250 g Schinkenspeck

2 EL Butterschmalz

350 g Sauerkraut

1 Bund Schnittlauch

Salz und Pfeffer

Für die Spatzen Milch und Eier verschlagen, mit Salz und Muskatnuss würzen. Das Mehl dazugeben und mit einem Kochlöffel rasch einen Tropfteig herstellen. Den Teig durch ein Sieb in reichlich kochendes Salzwasser streichen. Die Spatzen einmal kurz aufkochen lassen und anschließend mit kaltem Wasser abschrecken und abtropfen lassen. Für die Krautspatzen die Zwiebel, den Knoblauch und den Speck fein würfeln. In einer Pfanne etwas Schmalz erhitzen, Zwiebelwürfel darin anschwitzen, Knoblauch und Speck zugeben und mitrösten. Sauerkraut mit viel Saft dazugeben und ein wenig einkochen lassen. Die abgetropften Spatzen dazugeben und ein paar Minuten mitrösten. Vor dem Anrichten mit Salz und Pfeffer abschmecken und mit viel Schnittlauch bestreut servieren.

HAMMELBRATEN MIT KNOBLAUCH

ZUTATEN FÜR 4 PERSONEN

2 Knoblauchzehen

3 EL mittelscharfer Senf

1 kg Hammelbraten Schulter

Salz

2 EL Pflanzenöl

2 Zweige Rosmarin

1 Möhre

¼ Knollensellerie

1 Zwiebel

2 Knoblauchknollen

500 ml Knochenfond vom Hammel

150 ml trockener Rotwein

2 EL Mehl

2 EL Butter

Die Knoblauchzehen abziehen, fein hacken und mit dem Senf verrühren. Das Fleisch waschen, trocken tupfen, gegebenenfalls parieren und mit der Senfmischung bestreichen. Zugedeckt für mindestens 2-3 Tage in den Kühlschrank stellen. Den Backofen auf 200°C Ober- und Unterhitze vorheizen. Das Fleisch leicht salzen und in einem heißen Bräter in Öl rundherum scharf anbraten. Den Rosmarin waschen, trocken schütteln und zurechtzupfen. Die Karotte, den Sellerie und die Zwiebel schälen und grob zerkleinern. Die Knoblauchknollen halbieren und mit dem Rosmarin und dem vorbereiteten Gemüse zu dem Braten geben.

Etwas Fond angießen und im vorgeheizten Ofen 1 1/2-2 Stunden schmoren lassen. Bei Bedarf etwas Fond nachgießen. Den fertige Braten herausnehmen, warm halten und den Bratensatz mit dem Rotwein ablöschen. Durch ein feines Sieb passieren, den restlichen Fond angießen und bei mittlerer Hitze einköcheln lassen. Mit Mehlbutter (Mehl und Butter im Verhältnis 1:1 miteinander vermengt abbinden und die Sauce mit Salz und Pfeffer abschmecken. Den Braten in Scheiben geschnitten mit dem Knoblauch und dem Rosmarin auf einer Platte anrichten und die Soße extra dazu reichen.

TAUSER FASCHINGSSTRIEZEL

ZUTATEN FÜR 4 PERSONEN

375 g Mehl

125 g Stärkemehl

1 Pck. Backpulver

1 Prise(n) Salz

125 g Margarine

250 g Quark

3 Eier

100 g Zucker

2 Pck. Vanillinzucker

1 Pck. Frittierfett zum Ausbacken

Puderzucker zum Bestäuben vor dem Verzehr

Aus allen Zutaten einem geschmeidigen Teig kneten. Er sollte sich schön weich anfühlen, ohne Klümpchen. Wenn der Teig noch zu sehr klebt, noch etwas Mehl einarbeiten. Den Teig ca. 7 mm ausrollen und mit einem Teigrädchen erst in ca. 12 x 5 cm große Rechtecke teilen. In die Rechtecke mit dem Teigrädchen in der Mitte der Länge nach noch mal einen Schnitt machen und ein Ende vorsichtig durch die Mitte ziehen, sodass ein Striezel entsteht. Die Teiglinge sofort in heißem Frittierfett schwimmend backen. Anschließend die Striezel auf einem Küchenkrepp abtropfen lassen. Vor dem Servieren mit Puderzucker bestäuben.

KARTOFFELSUPPE NACH HEDWIG KOST UM 1920

ZUTATEN FÜR 4 PERSONEN

1 kg Kartoffeln

Je 250 g Möhre, Kohlrabi, Sellerie, Porree

1 Liter Gemüsebrühe (Instant)

Salz und Pfeffer

500 g Äpfel

100 g Schlagsahne

Muskat

200 g Schinkenspeck

1 Bd. Petersilie

Kartoffeln und Äpfel (ohne Kerngehäuse) schälen und in kleine Stücke schneiden. Suppengemüse putzen und ebenfalls in kleine Stücke schneiden. Alles mit der Brühe in einen Topf geben und ca. 30 Minuten kochen. Pürieren mit Pürierstab. 5 Minuten vor Ende der Kochzeit, die in kleine Stücke Schinkenspeck in einem Tiegel „cross" anbraten und die Sahne dazugeben. Alles vermischen und mit Salz, Pfeffer sowie geriebener Muskatnuss abschmecken.

Die fein gehackte Petersilie erst beim Anrichten auf die Teller streuen.